KB219318

질주를
멈추고,

동행

질주를 멈추고, 동행

지은이 | 이장호
초판 발행 | 2019. 9. 18

등록번호 | 제1988-000080호
등록된 곳 | 서울특별시 용산구 서빙고로 65길 38
발행처 | 사단법인 두란노서원
영업부 | 2078-3352 FAX | 080-749-3705
출판부 | 2078-3331

책값은 뒤표지에 있습니다.
ISBN 978-89-531-3591-8 03230 Printed in Korea

독자의 의견을 기다립니다.
tpress@duranno.com www.duranno.com

두란노서원은 바울 사도가 3차 전도여행 때 에베소에서 성령 받은 제자들을 따로 세워 하나님의 말씀으로 양육하던 장소입니다. 사도행전 19장 8-20절의 정신에 따라 첫째 목회자를 돕는 사역과 평신도를 훈련시키는 사역, 둘째 세계선교(TIM)와 문서선교 (단행본·잡지) 사역, 셋째 예수문화 및 경배와 찬양 사역, 그리고 가정·상담 사역 등을 감당하고 있습니다. 1980년 12월 22일에 창립된 두란노서원은 주님 오실 때까지 이 사역들을 계속할 것입니다.

삶의 자리에서 신앙의 자리로 나아가는 길

질주를 멈추고, 동행

이장호 지음

두란노

목차

새벽 기도의 고요함과 부흥회의 열정이 공존한다. 문장과 문단을 지나노라면 이것은 책이라기보다는 하나님과 함께 걷는 길이다. 아무리 험한 가시밭길로 뛰어들어도 내 손을 굳건히 잡아 주시는 주님이 이번엔 이장호 목사님을 도구 삼아 '동행'을 우리에게 주신다. '동행'이라는 이 길을 가는 동안 수없이 '아멘'을 외치는 경험을 할 것이고, '동행' 안에서 만나는 그때가, 그곳이 이 혼돈의 시대에 길 잃고 방황하는 우리가 가야 할 길이라 믿는다. 아니, 믿어진다.

__ 강형철(영화감독)

함께 간다는 것은 단순히 누구와 같이 가느냐 하는 것뿐만 아니라 어떻게 가느냐의 문제이기도 하다. 그만큼 함께함은 쉽지 않다. 그러나 만일, 어떤 상황에서도 나를 믿어 주고 일평생 함께해 주는 친구나 인생의 동반자가 있다면? 아마도 나는 세상에서 가장 행복한 사람이자 가장 용감한 사람이 될 수 있을 것이다.

내가 매주 만나는 이장호 목사님의 설교는 특별히 '나와 함께하시는' 하나님을 알아 가는 감동의 시간이다. 그 시간을 통해 나와 동행하시기 위한 주님의 소망이 얼마나 간절하고 얼마나 끈질기며 얼마나 뜨거운가를 확신하게 되었다. 그 확신은 나를 새로운 일에 담대히 도전하게 하고 앞으로 나아가게 하며, 절망의 순간에도 소망을 갖게 했다. 인생의 메인 그라운드를 앞두고 있는 젊은이들은 물론, 신앙생활에 지친 성도들, 더 나아가 자기 앞의 삶을 치열하게 살며 많은 이들에게 '의미 있고 감동을 주는 존재'가 되고 싶어 하는 일반인들에게 꼭 추천해 주고 싶은 감동의 인생 경영 병법서다.

__ 권오섭(L&P Cosmetics 회장, 메디힐 재단 이사장)

이장호 목사는 생각만 해도 하나님에게 감사가 절로 나는 제 목회의 동역자입니다. 목회를 잘 정리하고 은퇴하려고 했을 때 하나님이 제게 보내 주신 선물 같은 사람입니다. 함께 교회를 섬기고 시무할 때는 동역자였는데, 은퇴 후 지금은 그냥 마음에 가족같이 느껴지는 사람입니다.

이장호 목사는 꾸밈이 없는 사람입니다. 자기를 포장하려 하거나 과장하려 하거나 드러내 자랑하고자 하는 마음이 없는 사람입니다. 마치 나다나엘 같은 사람입니다. 말하기는 쉬우나 그렇게 살기는 정말 어려운데, 그는 정말 그렇게 사는 사람입니다.

삶도 그렇고, 설교도 그렇습니다. 그의 설교는 제가 좋아하는 평양냉면 같습니다. 심심한 듯해서 인공적인 양념과 감미료에 길들여진 입맛에는 쉽지 않지만, 먹으면 먹을수록 깊이 빠져드는 평양냉면 같습니다.

많은 분들이 이 책을 통해서 그냥 순수한 말씀의 맛을 느끼고 배우고 은혜 받는 새로운 경험을 할 수 있기를 기대하며 기도합니다.

__ 김동호(사단법인 피피엘 이사장)

이장호 목사님과 짧지 않은 시간을 동고동락하면서 늘 가까이서 지켜봐 왔습니다. 목사님은 마음이 참 따뜻한 분입니다. 사람을 귀히 여깁니다. 목사님은 참 솔직하고 정직한 분입니다. 늘 연약함을 인정하며, 어떤 상황과 문제 앞에서도 자기주장과 고집을 내려놓고 성령의 인도하심에 즉시 돌이켜 순종하는 모습이 저의 감동과 존경심을 불러일으킵니다.

목사님은 선교적 사명이 뜨거운 분입니다. 선교사 출신답게, 선교학 교수 출신답게 선교 현장에만 나가면 펄펄 살아나고, 보이지 않는 선교 현장 곳곳을 얼마나 귀하게 섬기는지 모릅니다.

목사님은 예수님을 참 많이 사랑하는 분입니다. 한 사람의 예배자로, 사명자로 주님에게 귀하게 쓰임 받고 있는 헌신된 사역자입니다. 목사님과 함께 동역해 온 귀한 시간들이 제게는 은혜요, 축복이었습니다.

목사님의 귀한 설교들이 책으로 편집되어 출간되는 것은 너무나 큰 기쁨이요, 감사입니다. 목사님의 삶과 메시지가 생명력 있는 그대로 녹아 있어 이 책을 대하는 독자들이 주님의 마음을 더 깊이 알게 되고 주님과 동행하는 기쁨을 누리게 될 것을 확신합니다.

__ 맹인호(높은뜻 광성교회 장로)

하나님의 부르심에 따라 열정적인 선교사, 탁월한 선교학자에 이어 소통하는 목회자의 길을 가고 있는 이장호 목사의《질주를 멈추고, 동행》을 읽으며 뜻밖의 기쁨을 누렸다. 이 책에서 이장호 목사는 우리와 간절히 하나가 되기 원하시는 하나님의 성품을 '동행'이라는 매우 친숙한 단어를 통해 풍성하면서도 깊이 있게 전달하고 있다.

군더더기 없이 복음의 핵심에서 핵심으로 넘어가는 주제 선택, 유연하면서도 경쾌한 화법과 설득력 높은 생생한 예화들은, 일상 가운데 흔들리고 갈등하는 많은 성도들의 마음을 시원하게 해 주는 '냉수 같은' 신앙생활 매뉴얼이자 기독교 신앙에 관심이 있는 일반인들을 위한 촌철살인의 '신앙 입문서'다. 이 가을, 널리 알리고 나누고 싶은 책이다.

__ 서정운(장로회신학대학교 명예총장)

이 땅의 많은 그리스도인들이 하나님과 동행하는 삶을 꿈꿉니다. 그런데 하나님과 동행하는 삶이란 과연 어떤 것일까요?

이장호 목사가 지난 10년간의 설교를 '동행'이라는 주제로 엮은 이 책은 하나님과 동행하는 삶이 무엇인지, 어떻게 하면 그러한 삶을 살 수 있는지에 대한 이야기로 가득합니다. 각각의 이야기들은 성부, 성자, 성령 하나님과의 동행 그리고 이웃과의 동행을 다양한 시선으로 풍성하게 풀어 우리에게 보여 줍니다.

이 책은 우리를 행복하게 하는 힘이 있습니다. 무엇보다 우리와 동행하기를 간절히 원하시는 하나님의 마음을 곳곳에서 접할 때면 마음이 뜨거워집니다. 견디기 힘든 고통 중에도 우리는 결코 혼자가 아님을 확인하게 되며, 우리의 기도에 침묵하시는 순간에도 우리를 버리지 않으시는 하나님을 발견하며 다시 힘을 얻습니다.

예전만큼 하나님과 동행하는 삶을 살지 못해 불안해하는 이들에게, 뿐만 아니라 하나님과의 동행을 꿈꾸는 모든 이들에게 이 책을 권합니다. 이 책에서 제시하는 지침들을 하나하나 따라가다 보면 하나님과 동행하는 삶의 축복을 자신의 것으로 만들 수 있으리라 확신합니다.

오랫동안 하나님과 동행하는 삶을 꿈꾸고 선포하고 살아온 이장호 목사의 설교들을 통해 하나님과 동행하는 축복의 삶에 한 걸음 더 다가가는 여러분이 되시기를 소망합니다.

— 임성빈(장로회신학대학교 총장)

설교자에게 있어서 반드시 동행해야 할 세 가지가 있습니다. 먼저는 하나님과 동행해야 하고, 그다음은 맡겨 주신 영혼들, 즉 양들과 동행해야 합니다. 그리고 또 하나의 동행이 필요한데, 그것은 바로 자신이 한 설교와의 동행입니다. 자신이 설교한 내용대로 살아 내는 동행이야말로 가장 어려운 동행입니다. 주변에 설교를 잘하는 명설교자는 너무나 많습니다. 그러나 자신이 설교한 말씀을 그대로 살아 내는 설교자는 찾기 어렵습니다. 그런 점에서 저는 이장호 목사님을 참 좋아합니다. 자신이 설교한 내용을 누구보다도 열심히 살아 내려고 노력하고, 또 많은 부분 살아 내는 진실한 목회자이기 때문입니다. 이장호 목사님의 이 귀한 설교집은 이 책을 대하는 이들에게 배우고 아는 바, 하나님의 명령을 능히 살아 내며 말씀과 동행하는 삶으로 힘있게 이끌어 줄 것입니다.

— 정홍열(아세아연합신학대학교 교수)

20대 후반에 인도네시아 선교사로 파송을 받아 갈 때만 해도 저는 평생 선교사로 살 줄 알았습니다. 신대원 재학 시절 40일간의 선교 현장 실습 여행을 통해 큰 감동을 받았던 저는 선교사가 되기로 결심하고, 신대원 졸업과 함께 죽으면 죽으리라 하는 각오로 선교지로 떠났습니다. 그런데 6년 만에 더 이상 체류 허가를 받지 못해 다시 한국으로 돌아올 때는 모든 것이 무너지는 것 같았고, 속으로는 하나님을 향해 화를 내고 있었습니다. 기도도 할 수 없을 지경이었습니다.

다시 인도네시아로 돌아가기 위해 1년 반이나 입국 비자를 기다렸지만 현지의 비자 담당관조차 이해하기 어려울 정도로 발급되지 않았습니다. 결국 저의 후원회는 저를 향하신 하나님의 다른 뜻이 있을 것으로 믿어 미국 유학의 기회를 주셨고, 선교학 학위 과정을 마친 다음 신학대학의 교수가 되어 다시 한국으로 돌아왔습니다. 그때부터 젊은 이들에게 선교를 도전하며 전 세계에서 활동하는 선교사들을 뒤에서 섬기는 삶을 살아왔습니다.

그렇게 4년째가 되던 2005년 가을, 선배 목사님으로부터 목회를 해 보지 않겠느냐는 제안을 받았습니다. 선교와 목회는 하나님을 섬긴다는 본질에서는 같지만 전혀 다른 일입니다. 그것도 최소 천 명이 넘는 적지 않은 교인들을 책임 맡는 목회가 될 것인지라 얼른 대답하기 어려웠습니다. 교회나 저에게 큰 모험이 되었기 때문입니다. 잠이 오질 않았습니다. '선교사요, 선교학자의 길을 걷고 있던 나 같은 사람에게 하나님이 왜 목회자의 길로 들어서라고 하시는 것일까? 과연 내가 적임자일까?' 생각하고 또 생각하며 두려움에 떨며 기도했습니다.

일단 선배 목사님 교회에 협동 목사로 출석하던 어느 날, 하나님은 제가 젊은 시절에 드렸던 '선교사'의 서원을 생각나게 하셨습니다. 비록 본토 친척 아버지의 집을 떠나는 그 '선교'는 아니지만, 한국 교회가 회복해야 할 '선교적 교회'의 사명을 생각하게 하셨습니다. 이 땅의 교회와 교회를 이루는 성도들이 '선교적 교회'로 회복되기를 원하시는 하나님의 마음이 뜨겁게 전해져 오기 시작했습니다. '하나님이 주인 되시는 교회를 위해 분립이 불가피하며, 당신 같은 선교 전문가가 꼭 필요하다'는 선배 목사님의 그 밑도 끝도 없는 고집과 도전에 매료되어 저는 목회의 길에 들어서게 되었습니다.

2009년부터 네 개로 분립된 높은뜻 숭의교회 중의 한 곳인 높은뜻 광성교회를 섬기기 시작한 지 벌써 10년이 되었습니다. 그동안 선교사로서의 현장 경험과 선교학자로

서의 연구를 바탕으로, 성도 한 사람 한 사람을 '살아 있는 성전'으로 세우는 것과 교회의 본질인 선교적 사명을 회복해 가는 '선교적 교회'를 세우기 위한 말씀을 전하는 데 주력했습니다. 또한 비록 대형 교회에서 분립된 교회였지만 개척 교회나 다름없었기에, 하나 된 신앙 공동체의 기초를 놓는다는 생각으로 교회의 본질과 성도의 정체성에 관한 말씀을 쉽게 전하는 데 집중했습니다.

그중 일부를 교회 분립 10주년 기념으로 한 권의 책으로 출간하게 되었습니다. 주로 교회의 새 신자나 기독교에 관심이 있는 일반인들에게 다가가기 쉬운 설교들을 1차 정리한 것으로, 선교적 교회로의 회복을 위해 성도들이 알아야 할 가장 기본적인 개념, 즉 하나님과 자녀의 관계, 예수님과 제자의 관계, 성령님과 교회의 관계, 또한 성도와 이웃의 관계에 관해 이해하기 쉽도록 정리했습니다.

이 책의 키워드는 당연히 '동행'입니다. '동행'은 우리를 향하신 하나님의 사랑을 의미합니다. 하나님은 택하신 백성에게 '내가 너와 함께한다'는 언약을 주셨습니다. 동행하는 과정에서 일어나는 모든 일에 주님이 함께하셔서 끝까지 가도록 도우시겠다는 뜻입니다. 그래서 주님의 '동행'은 우리 삶에서 기적이요 신비이자, 모든 결박을 끊어 영혼을 자유하게 하는 힘입니다. 이 책을 통해 하나님의 사랑을 압축한 '동행'의 신비를 깨닫고 동행의 능력을 새롭게 만나는 시간이 되었으면 합니다.

한 가지 첨언할 것은, '선교적 교회로의 회복'을 생각할 때 성령님의 동행이나 성령님과의 동행 부분이 매우 중요하지만, 이번 책에서는 성령의 기본 개념만 다루었습니다. 성령님의 일하심과 선교적 교회에 관해서는 다음 기회에 나누고자 합니다.

기적과도 같은 지난 10년을 돌아보며 하나님에게 가장 감사한 일은, 목회자로서 전혀 준비되지 않은 저에게 잘 준비된 성도들과 목회자들을 동역자로 주셨다는 사실입니다. 높은뜻 숭의교회에서 온 1,500여 명의 성도들은 물론, 지난 10년간 '하나님이 주인 되시는 교회'로 함께 가고자 합류한 수백 명의 귀한 성도들이 하나 된 마음으로 부족한 목회자와 함께해 주셨고, 순수한 믿음과 헌신으로 교회를 섬겨 주셔서 '높은뜻 광성교회'라는 아름다운 공동체를 이루게 되었습니다. 동역해 온 성도들과 목회자 분들에게 진심으로 감사드립니다.

이 책에 실린 부족한 설교들이 부디 하나님의 손에 붙들리어, 귀한 영혼들을 주님에게로 인도하는 작은 이정표가 되기를 간절히 기도합니다.

2019년 9월

이장호

1

하나님의 동행, 약속

"나는 그들의 하나님이 되고 그들은 내 백성이 될 것이라"(렘 31:33).

먼저, 다가오시다

이탈리아 바티칸에 있는 시스티나 성당에는 1년 내내 관람객들의 발길이 끊이지 않습니다. 이 성당의 천장에 그려진 미켈란젤로(Michelangelo)의 〈천지창조〉 때문입니다. 1512년에 완성된 이 천장화는 그리는 데만 무려 4년이 넘게 걸렸습니다. 이 작품을 완성한 미켈란젤로는 이런 말을 남겼습니다.

"나는 턱수염을 천장 쪽으로 쳐들고, 머리는 어깨에 닿을 정도로 뒤로 젖히고, 가슴은 하프처럼 굽었으며, 붓에서 얼굴로 물감이 떨어져 마치 칠을 한 포장도로 같은 몰골이 되었다 … 내 몸은 마치 시리아 사람들의 활처럼 굽어졌다."

오랜 시간 천장을 보며 그림을 그려야 했던 미켈란젤로는 몸이 휘어져 한동안 머리 위로 팔을 뻗어야만 책을 읽을 수 있었다고 합니다.

미국의 저명한 저술가이자 목회자인 존 오트버그(John Ortberg)는《생각보다 가까이 계시는 하나님》(사랑플러스 역간)이라는 저서에서 이 〈천지창조〉 중 〈아담의 창조〉에 주목했습니다. 미켈란젤로 이전에도 하나님과 아담을 주인공으로 한 그림은 많았습니다. 대부분 하나님이 땅 위에 서서 아담을 일으켜 세우는 모습들입니다.

그런데 미켈란젤로는 완전히 다르게 표현하고 있습니다. 하나님이 천사들이 모는 구름을 타고 마치 돌진하듯 아담을 향해 가고 계십니다. 그리고 아담에게 최대한 가까이 가기 위해 몸은 비틀고 머리와 팔은 쭉 내밀고 계십니다. 아담에게 닿고 싶은 간절함으로 팔의 모든 근육이 팽팽하게 긴장되어 있습니다.

미켈란젤로, 〈천지창조-아담의 창조〉

반면 아담은 몸을 뒤로 젖힌 자세입니다. 하나님과의 만남에 별 관심이 없는 표정입니다. 팔을 뻗고 있기는 하지만 손가락은 힘없이 처져 있습니다. 손가락을 살짝만 올려도 하나님과 닿을 수 있음에도 불구하고 도무지 의지가 보이지 않습니다. 하나님의 눈빛과 몸과 생각과 모든 근육이 아담과의 틈을 메우려는 갈망으로 가득 차 있는 것과는 매우 대조적입니다.

존 오트버그 목사가 이 그림에서 발견한 것은 사람에게 다가오고자 하시는 하나님의 결연한 의지였습니다. 미켈란젤로는 바로 그 하나님의 의지를 실감나게 표현했던 것입니다.

사실 성경 속 이야기 전체는 이 그림과 흡사합니다. 성경은 하나님과 함께하는 사람들에 관한 이야기가 아니라, 사람들과 간절히 함께하고 싶어 하시는 하나님의 갈망에 관한 이야기입니다. 우리가 먼저 하나님을 사랑한 것이 아니라, 하나님이 먼저 우리를 사랑하심으로 시작된 이야기인 것입니다.

이 세상에는 다양한 종교가 있지만, 그들은 공통적으로 절대 의지와 초능력을 가진 존재를 믿고 있습니다. 그리고 공통적으로 인간에게 끊임없이 노력해서 신이 기다리고 있는 높은 영적 상태에 도달하라고 가르칩니다. 유대교는 율법을 지키라고 하고, 이슬람은 다섯 기둥과 같은 중요한 법칙을 준수해서 절대 신에게 도달하라고 합니다. 힌두교나 불교는 수행을 통해 깨달음의 세계로 들어가라고 가르칩니다. 유교나 도교, 혹은 무교(샤머니즘)는 사회나 우주 세계 안에서 정해진 법칙과 조화를 이루라고 교훈합니다. 모두가 멀리 있는 절대 존재에 닿기 위한 노력인 것입니다.

하지만 하나님은 우리에게 먼저 다가오십니다. 하나님과 사람의 역사가 시작되는 순간을 살펴보면 이러한 하나님의 성품이 더욱 잘 나타납니다.

성경은 "태초에 하나님이 천지를 창조하시니라 땅이 혼돈하고 공허하며 흑암이 깊음 위에 있고 하나님의 영은 수면 위에 운행하시니라 하나님이 이르시되 빛이 있으라 하시니 빛이 있었고 빛이 하나님이 보시기에 좋았더라"(창 1:1-4a)라는 말씀으로 시작됩니다. 하나님이 천지를 창조하셨다는 것입니다. 하나님은 엿새 동안 잠시도 쉬지 않고 일하셨습니다. 그런데 여기서 사용한 '일하다'라는 단어가 참으로 흥미롭습니다. 히브리어는 하나님에 관해 쓰는 단어가 엄격하게 분리되어 있습니다. 하지만 여기에서 사용된 '일하다'라는 단어는 보통 사람들이 땀 흘려 일하는 모습을 표현할 때 사용되는 것입니다. 이는 하나님이 정말 열심히 일하셨다는 사실을 말해 줍니다.

하나님은 무소불위(無所不爲), 전지전능(全知全能)한 온 우주의 주인이며, 그 무엇도 더 필요 없는 완전한 영이십니다. 그런데 왜, 무슨 목적으로, 아니 무엇에 쓰시려고 이렇게 열정적으로 일하며 천지를 창조하셨을까요?

분명한 것은, 하나님이 필요해서 하신 것은 아니라는 사실입니다. 창세기 2장에 나오는 것처럼, 태초에 이 우주는 혼돈과 공허의 상태일 뿐 아니라 깊은 어둠에 덮여 있는 공간(땅)이었습니다.

그때 하나님의 영이 다가와 수면 위를 운행하며 '혼돈과 공허, 깊은 어둠에 덮인 공간'을 '보셨습니다'. 모든 것이 죽은 듯 깊은 어둠 속에 갇혀 있는 모습을 '보기에 좋지 않다' 여기시고 자신의 생명과 빛을 흘려보내기로 하신 것입니다.

"하나님이 이르시되 빛이 있으라"(창 1:3a).

우주를 혼돈과 공허의 땅으로 만든 어둠을 걷어내기 위한 하나님의 위대한 '다가오심'은 이 한마디로 시작되었습니다. 낮과 밤의 시간과 하늘과 바다, 땅의 공간이 나뉘었습니다. 하늘의 해, 달, 별들과 온갖 생명들로 인해 어둠에 갇혀 죽어 있던 우주에 생명이 가득 넘치게 되었습니다. 드디어 엿새째가 되던 날, 하나님은 영원한 생명의 근원인 호흡 '루아흐'를 불어넣어 당신의 형상을 닮은 사람을 창조하시고 그를 우주의 대리 통치자로 세우셨습니다.

이 모든 과정에 사람의 의지나 우주의 다른 존재의 개입이나 기여는 없었습니다. 오직 하나님 한 분의 의지와 다가오심으로 시작되고 완성되었습니다. 만물의 생성과 우주의 질서가 '먼저 다가오신' 하나님에 의해 시작되었던 것입니다.

그 이후에도 하나님은 늘 먼저 다가오셨습니다. 아담이 선악과를 먹고 숨었을 때에도, 노아가 혼란한 세상과 함께 멸망의 위기에 있었을 때에도, 심지어 인간들이 바벨탑을 높이 쌓아 하늘에 닿게 하고자 했을 때에도 먼저 다가오셨습니다. 그리고 결국은 인류를 구원하기 위해 사랑하는 성자 예수님까지 이 세상에 보내셨습니다.

"하나님이 세상을 이처럼 사랑하사 독생자를 주셨으니 이는 그를 믿는 자마다 멸망하지 않고 영생을 얻게 하려 하심이라 하나님이 그 아들을 세상에 보내신 것은 세상을 심판하려 하심이 아니요 그로 말미암아 세상이 구원을 받게 하려 하심이라"(요 3:16-17).

하나님은 이토록 간절히 만나기를 원하시는데, 우리는 여전히 미켈란젤로의 그림 속에 있는 아담과 같은 모습으로 하나님을 아무런 기대감 없이 대하고 있는 것은 아닙니까? '정말 하나님이 계실까' 갸웃하면서 강 건너 불구경하듯 하나님 나라를 구경만 하고 있지는 않습니까?

물론 하나님은 우리에게 높은 영적 상태에 도달하라고 요구하지 않으십니다. 우리 힘으로는 그렇게 될 수 없다는 것을 알고 계시기 때문입니다. 그래서 먼저 찾아오시는 것입니다. 그 전지전능하심으로, 우리를 창조하실 때의 그 기쁨으로, 우리를 향한 변함없는 인자하심으로 손을 뻗고 계시는 것입니다.

그 간절한 동행을 향한 하나님의 열망을 내 삶의 축복으로 만들어 가는 건 그리 어렵지 않습니다. 아담의 처진 손가락 끝과도 같은 우리의 시선과 마음을 그저 하나님에게로 돌리면 됩니다. 그 순간 우리의 삶은 땅 끝에서 하늘로, 어둠에서 밝은 빛으로 변화될 것이기 때문입니다.

가죽옷을 입히시다

공식 행사나 외교적으로 중요한 모임에 갈 때 꼭 확인해야 되는 것이 있습니다. 바로 드레스 코드입니다. 모임의 성격, 모이는 사람, 모이는 장소에 따라 드레스 코드가 달라집니다. 국가 간 정상회담을 하는 대통령들의 정장 차림도 자세히 보면 수시로 바뀝니다. 어떤 자리에서는 넥타이를 매고 어떤 자리에서는 노타이 복장으로 등장하는 것을 볼 수 있습니다. 심지어 드레스 코드가 다르면 입장할 수 없는 곳도 있습니다.

성경에 처음 등장하는 옷은 아담이 무화과나무 잎으로 만든 나뭇잎 옷입니다. 이 옷이 등장하기 전까지 아담과 하와는 벌거벗은 상태였습니다. 즉, 에덴동산의 드레스 코드는 옷을 입지 않는 것이었습니다. 그런데 선악과를 먹은 뒤 엉뚱하게도 아담은 그 벌거벗은 상태를 부끄럽게 여기고 나뭇잎으로 자신의 수치를 가렸습니다. 인류의 역사에 최초로 등장한 나뭇잎 옷은 하나님을 잃어버린 실낙원의 드레스 코드였습니다.

우리에게도 이 나뭇잎 옷이 있습니다. 어떤 사람은 열심히 가꾼 외모의 나뭇잎 옷으로, 어떤 사람은 높은 사회적 지위나 물질 아니면 학벌의 나뭇잎 옷으로 자신을 숨깁니다. 또 어떤 사람은 강한 신념과 강력한 추진력을 나뭇잎 옷으로 사용합니다. 심지어 구제 사업과 사회봉사와 같은 선한 행실 뒤에 꼭꼭 숨는 사람도 있습니다. 그런데 하나님은 나뭇잎 옷 뒤에 숨은 우리를 어떻게 보실까요?

아담과 하와가 선악과를 먹은 후에도 하나님은 여전히 그들을 사랑하셨습니다. 아담과 하와는 하나님을 버렸지만 하나님은 그들을 버리지 않으셨습니다. 하나님은 오히려 나뭇잎으로 수치를 가린 채 나무 그늘 밑에 숨어 있는 두 사람을 찾아와 "아담과 그의 아내를 위하여 가죽옷을 지어 입히"(창 3:21)셨습니다.

사람이 만든 나뭇잎 옷은 금방 말라 버립니다. 애써 자신의 수치를 가리려고 하지만 얼마 가지 못합니다. 그러나 하나님이 지어 주신 가죽옷은 오래갑니다. 죄의 늪에 빠진 아담과 하와를 회복시키기 위해 하나님이 새로 지어 입히신 옷은 가죽옷이었습니다. 하나의 가죽옷이 탄생하기 위해서는 그에 따른 희생이 있어야 합니다. 그것이 염소든 양이든 사슴이든, 그 짐승의 목숨을 희생시켜야만 가죽을 얻을 수 있기 때문입니다. 즉, 하나님의 드레스 코드는 은혜와 희생의 가죽옷, 바로 아담으로 대표되는 인간의 죄를 영원히 가리기 위해 희생 제물로 오신 예수님입니다.

성경은 "누구든지 그리스도와 합하기 위하여 세례를 받은 자는 그리스도로 옷 입었느니라"(갈 3:27)라고 말씀합니다. 예수님을 믿는 사람들은 이미 그리스도로 옷을 입었다는 것입니다. 이 은혜와 희생의 옷을 우리에게 입히기 위해 예수님은 수치를 당하셨습니다. 십자가 처형은 수치의 형벌입니다. 성화(聖畫)나 영화에서는 하반신 일부를 가리지만 실제로는 완전히 발가벗깁니다. 그리고 높은 언덕에 십자가를 세워 모두가 볼 수 있게 합니다. 이렇게 예수님은 우리의 수치를 대신 당하심으로 우리의 부끄러움을 덮어 주는 가죽옷이 되어 주셨습니다.

우리를 참소하는 사탄의 거짓말 중 으뜸은 하나님이 우리를 부끄러워하신다는 말입니다. '너는 하나님의 영광을 가리는 수치 덩어리'라고 속여 우리를 절망하게 만듭니다. 그러나 하나님은 우리를 사랑하십니다. 당신의 사랑하는 아들이 십자가의 수치를 당하게 하실 만큼 사랑하십니다.

"자기 아들을 아끼지 아니하시고 우리 모든 사람을 위하여 내주신 이가 어찌 그 아들과 함께 모든 것을 우리에게 주시지 아니하겠느냐 누가 능히 하나님께서 택하신 자들을 고발하리요 의롭다 하신 이는 하나님이시니"(롬 8:32-33).

우리를 당신의 자녀로 삼으신 하나님은 우리로 인해 기쁨을 이기지 못하십니다. 우리가 하나님을 등지고 돌아설 때에도, 하나님으로부터 숨어 버릴 때에도 우리를 포기하지 않고 찾아오십니다. 그러므로 우리를 찾으시는 하나님 앞으로 나아가 나의 어설픈 재주로 만들어 입은 나뭇잎 옷을 벗어 버리고 우리를 위해 만드신 은혜의 가죽옷을 입어야 합니다. 하나님이 기뻐하시는 자녀인 우리의 드레스 코드는 예수 그리스도입니다.

언약을 주시다

하나님과 이스라엘 백성의 관계가 본격적으로 시작된 것은 아브라함 때부터입니다. 아브라함이 아버지 데라를 따라 갈대아 우르 땅에서 살고 있던 어느 날, 하나님이 아브라함을 찾아오셨습니다.

"너는 너의 고향과 친척과 아버지의 집을 떠나 내가 네게 보여 줄 땅으로 가라 내가 너로 큰 민족을 이루고 네게 복을 주어 네 이름을 창대하게 하리니 너는 복이 될지라"(창 12:1-2).

엄청난 축복이 걸린 하나님의 약속이 주어졌습니다. 그런데 거기엔 한 가지 전제 조건이 있었습니다. '고향과 친척과 아버지의 집을 떠나 하나님이 보여 주실 땅으로 가는 것'이었습니다. 그가 그 명령에 순종하면 하나님은 그로 하여금 '큰 민족을 이루고 복을 주사 그 이름을 창대하게 해 그로 하여금 복이 되게 하신다'고 약속하신 것입니다.

아브라함은 그 언약을 의지해 고향을 떠났습니다. 어디로 가야 하는지 알지 못했지만, 하나님이 보여 주실 땅을 향해 길을 떠났습니다. 그리고 마침내 하나님이 약속하신 땅인 가나안에 도착하자 하나님은 또다시 약속을 확인시켜 주셨습니다.

"그를 이끌고 밖으로 나가 이르시되 하늘을 우러러 뭇별을 셀 수 있나 보라 또 그에게 이르시되 네 자손이 이와 같으리라 아브람이 여호와를 믿으니 여호와께서 이를 그의 의로 여기시고 또 그에게 이르시되 나는 이 땅을 네게 주어 소유를 삼게 하려고 너를 갈대아인의 우르에서 이끌어 낸 여호와니라"(창 15:5-7).

그런데 이 약속은 당장 이루어지는 것이 아니었습니다. 아브라함의 자손이 이방 땅에서 400년 동안 종노릇을 한 뒤 돌아오게 될 것이라고 하셨으므로 약속하신 땅은 그때나 되어야 아브라함 자손의 땅이 된다는 뜻입니다(창 15:13-14 참조). 그가 이 약속을 어떻게 믿을 수 있겠느냐고 묻자 하나님은 제물을 갖고 오게 해 각각 반으로 쪼개어 놓으라고 하셨습니다. 그리고 밤이 되었습니다.

"해가 져서 어두울 때에 연기 나는 화로가 보이며 타는 횃불이 쪼갠 고기 사이로 지나더라 그날에 여호와께서 아브람과 더불어 언약을 세워 이르시되 내가 이 땅을 애굽 강에서부터 그 큰 강 유브라데까지 네 자손에게 주노니"(창 15:17-18).

쪼개어 마주 보게 한 제물 사이로 '횃불'로 임재하신 하나님이 지나가셨습니다. 이로써 아브라함과의 언약이 체결되었습니다.

'언약을 세우다'라는 뜻의 히브리어는 '카라트 베리트'입니다. '카라트'는 '자르다, 쪼개다'라는 의미이고, '베리트'는 '언약'이라는 뜻입니다. 히브리어에서의 언약은 맺고 체결하는 것이 아니라 반대로 자르거나 쪼개는 것입니다. 언약을 세울 때 희생 제물을 반으로 쪼개기 때문입니다. 그리고 약속을 한 사람들은 반으로 쪼갠 제물 사이로 제물의 피를 보며 함께 지나갑니다. 피의 언약입니다. 우리로 치면 혈서를 쓰는 것과 같습니다. 언약을 지키지 못하면 반으로 쪼개진 제물처럼 쪼개져도 좋다는 비장한 의미가 담겨 있는 것입니다.

그런데 아브라함이 쪼개어 놓은 제물 사이로 하나님이 홀로 지나가셨습니다. 아브라함과 하나님 사이에 체결된 이 약속을 지키는 데에 아브라함의 노력이나 약속은 필요치 않다는 뜻입니다. 이것이 하나님이 주신 약속의 가장 중요한 핵심입니다. 이 약속은 사람이 먼저 요구했거나, 사람과 하나님의 사전 협의 혹은 쌍방의 동의에 의해서 이루어진 약속이 아닙니다. 하나님의 약속은, 하나님이 시작하시고 홀로 지키시고 이루어 내시는 약속입니다. 그리고 그 약속은 아브라함의 후손들에게 실제로 나타나기 시작했습니다.

야곱의 가족이 애굽으로 이주했을 때는 겨우 70여 명이었습니다. 그런데 약 400년이 지난 뒤, 남자 장정만 60만 명, 남녀노소를 합하면 200만 명이 넘었습니다. 과연 하늘의 뭇별과도 같이 큰 민족이 되었습니다. 또한 하나님은 애굽의 노예였던 이스라엘 백성을 구출해 내셨습니다. 그리고 약 석 달 만에 이스라엘 백성이 시내 산에 도착했을 때 약속을 반복하셨습니다. 그것이 바로 시내 산 언약입니다.

"세계가 다 내게 속하였나니 너희가 내 말을 잘 듣고 내 언약을 지키면 너희는 모든 민족 중에서 내 소유가 되겠고 너희가 내게 대하여 제사장 나라가 되며 거룩한 백성이 되리라"(출 19:5-6).

읽기만 해도 감격적인 하나님의 약속입니다. 전지전능하신 창조주 하나님이 지극히 작은 민족인 이스라엘을 당신의 백성으로 택하셔서 세상 가운데 거룩한 제사장 나라로 세우시겠다는 축복의 약속입니다. 이 엄청난 약속에 걸린 조건은 단 하나, 하나님의 계명을 지키는 것입니다. 400년 전 조상과 했던 약속을 잊지 않고 이루시는 하나님 앞에 아브라함의 후손인 이스라엘 백성은 감격해서 이렇게 화답합니다.

"여호와께서 명령하신 대로 우리가 다 행하리이다"(출 19:8).

하나님과 이스라엘 백성의 관계는 약속을 통해 시작됐습니다. 그런데 이 약속은 이스라엘 민족에만 해당되는 것이 아닙니다. 아브라함을 찾아가셨던 하나님은 오늘 우리에게도 찾아와 똑같은 약속을 주시고, 지키시고, 이루어 내십니다. 이 하나님을 믿고 주신 계명을 따라 살 때, 하나님은 우리를 위해 예비하신 축복의 땅, 약속의 땅으로 우리를 반드시 인도해 가실 것입니다.

부르시다

시나이 반도의 광야에 한 늙은 양치기가 있었습니다. 미디안 족의 제사장 이드로의 사위로, 이 광야에서 40년째 양을 치고 있는 그는 광야의 구석구석 모르는 곳이 없었습니다. 눈을 감고도 떠올릴 수 있을 만큼 광야의 모든 풍광이 눈에 익숙했습니다.

그런데 어느 날, 그는 전에 보지 못했던 기이한 광경을 보게 됩니다. 광야에서는 뜨겁고 건조한 열기와 바람 때문에 종종 나뭇가지가 서로 부딪쳐 불이 붙곤 합니다. 그럴 때면 불이 붙은 나뭇가지는 이내 재로 변합니다. 그런데 그날은 이상하게도 불이 붙은 떨기나무 가지가 타지 않았습니다. 처음엔 무심코 지나쳤지만, 아무래도 이상하다 싶어 발걸음을 돌렸습니다. 그렇게 불붙은 가지에 다가갔는데, 그곳에서 뜻밖에도 여호와 하나님의 사자가 모습을 드러냈습니다.

“여호와의 사자가 떨기나무 가운데로부터 나오는 불꽃 안에서 그에게 나타나시니라 그가 보니 떨기나무에 불이 붙었으나 그 떨기나무가 사라지지 아니하는지라 이에 모세가 이르되 내가 돌이켜 가서 이 큰 광경을 보리라 떨기나무가 어찌하여 타지 아니하는고 하니 그때에 여호와께서 그가 보려고 돌이켜 오는 것을 보신지라 하나님이 떨기나무 가운데서 그를 불러 이르시되 모세야 모세야 하시매”(출 3:2-4).

세미한 음성으로 하나님의 사자가 그의 이름을 불렀습니다. 모세! 그의 이름은 모세였습니다. 원래 그는 경건한 레위 부부의 아들로 태어났지만, 태어나자마자 강물에 버려졌습니다. 하지만 기적적으로 바로의 딸인 공주의 손에 구출된 후 그녀의 양자가 되어 모든 사람이 부러워하는 선망의 대상이 되었습니다.

그런데 마흔 살 즈음의 어느 날, 자기 동족을 학대하는 애굽 병사를 보고는 화를 참지 못해 살인을 저지르고 맙니다. 그리고 그 길로 미디안 광야로 도망쳐 40년을 숨어 살았습니다. 그러니 타지 않는 떨기나무의 기이한 불빛 속에서 낯선 존재가 자신의 이름을 부른다는 것은 몹시도 두려운 일이었습니다.

그러나 하나님은 갑작스럽게 모세를 부르신 것이 아닙니다. 모세가 태어나기도 전부터 이곳 미디안에서 모세를 만나기까지 무려 80년 넘게 이 만남을 준비해 오셨습니다.

하나님이 어떻게 모세를 인도해 오셨는지 출애굽기 2장을 보면 알 수 있습니다. 바로의 딸이 나일 강에 버려진 모세를 발견하는 장면이 나오는데 이상한 점이 한두 가지가 아닙니다. 그 당시 이집트에는 이미 훌륭한 욕조 시설이 발달했기 때문에 탁류가 흐르는 나일 강에 공주가 목욕을 하러 나올 일은 없었습니다. 그런데 공주가 나일 강에 목욕을 하러, 더구나 모세의 갈대 상자가 마침 떠내려올 즈음에 나온 것입니다. 그 넓은 나일 강변에서 갈대 사이에 있던 상자를 발견한 것도 이상하지만, 그 상자를 발견했다 해도 공주가 뭐가 아쉬워서 누군가가 강물에 버린 허름한 상자에 관심을 가졌던 것일까요?

공주는 굳이 시녀를 보내어 상자를 가져오게 합니다. 그리고 그 상자 안에 있는 아이가 자기 아버지인 바로가 죽이라고 명령한 히브리인의 아이인 줄을 알고도 아이를 안고 궁궐로 돌아옵니다. 어디 그뿐입니까? 갑자기 나타난 히브리 노예인 소녀의 말을 '경청'해서 아기의 생모인 히브리 여인을 데려와 젖을 먹이게 합니다. 누가 봐도 이 일련의 과정은 우연이 아닌 치밀한 계획입니다. 그리고 그 계획의 시작은 미디안 광야에서 모세 앞에 나타나신 여호와 하나님이셨습니다.

너무 늦은 것이 아니냐고 반문하는 이들이 있습니다. 모세가 애굽의 왕자였을 때, 아니 그가 의연하게 동족의 고통을 보고 일어나 애굽의 병사를 응징했을 때 그를 도와주고 보호해 주셨어야 하는 게 아니냐고 묻기도 합니다. 그러나 하나님의 계획안에서는

40세의 모세를 그대로 쓰실 수가 없었습니다. 하나님의 계획안에서 모세가 가진 힘과 지식, 능력은 필요하지 않았기 때문입니다.

우리가 강하다고 해도, 가진 것이 많다고 해도, 세상에서 대단한 권세를 누린다고 해도 전능하신 하나님 앞에서 내세울 수 있는 것은 없습니다. 하나님에게 필요한 것은 이 세상의 부요함도, 용의주도함도, 뛰어난 처세술도 아닙니다. 오히려 자신의 부족함과 연약함을 깨닫고 하나님을 철저히 의뢰하는 겸손함입니다.

그래서 모세를 미디안 광야로 밀어 넣으신 것입니다. 광야에서는 천하를 호령할 것 같은 기개도, 애굽의 왕자라는 신분도 아무 쓸모가 없었습니다. 그토록 자신만만했던 모세였지만, 40년간 광야에서 지내는 사이 자신감도 사라지고 자존감도 잃어버린 늙고 힘없는 양치기가 되어 있었습니다. 비로소 하나님이 쓰실 수 있는 상태가 된 것입니다.

하나님에게 쓰임 받은 사람 치고 깨어지고 꺾인 경험이 없는 사람은 없습니다. 얍복 강나루에서 홀로 된 야곱도 환도 뼈가 부러진 후에 도리어 하나님을 더 의지하는 이스라엘이 되었고, 사도 바울도 육체의 가시로 인해 하나님의 은혜를 더 사모하게 되었습니다. 우리 역시도 이런저런 모자람, 이런저런 약함, 이런저런 열등감 때문에 하나님을 더 찾게 됩니다. 우리의 약함이 하나님을 찾게 하고 그분을 더욱 의지하게 합니다. 그로 인해 우리는 하나님이 주시는 능력으로 강해집니다. 이것이 '우리가 약할 때가 곧 강할 때'라는 역설적 진리가 작동하는 과정입니다.

모세를 대면하신 하나님이 당신의 마음을 보여 주십니다.

"내가 애굽에 있는 내 백성의 고통을 분명히 보고 그들이 그들의 감독자로 말미암아 부르짖음을 듣고"(출 3:7).

하나님은 당신의 백성이 겪는 고통을 알고 계셨습니다. 그래서 갓 태어난 어린 자녀를 버려야 하는 고통, 무거운 노역으로 인한 괴로움과 울부짖음에서 이스라엘 백성을 건져 내시기 위해 80년 동안 모세를 준비시키셨던 것입니다.

하나님의 계획은 모세를 이스라엘 백성 구출 작전의 리더로 세우시는 것이었습니다. "이제 내가 너를 바로에게 보내어 너에게 내 백성 이스라엘 자손을 애굽에서 인도하여 내게 하리라"(출 3:10). 그런데 광야의 모세가 얼마나 낮아졌는지, '내가 누구이기에 그런 일을 할 수 있느냐'고 주저합니다. 그는 지금 80세의 광야의 양치기에 불과한 자신을 바라보고 있는 것입니다. 그래서 '입이 둔하다', '할 말이 없다'며 이런저런 핑계를 대고 있습니다.

하지만 하나님은 요지부동, 뜻을 바꾸시지 않습니다. 결국 모세는 더 이상 숨어서 살 수는 없다는 사실을 알아차립니다. 그렇게 두렵고 막막한 눈빛으로 바라보았을 모세에게 하나님이 말씀하십니다.

"내가 반드시 너와 함께 있으리라"(출 3:12).

그렇습니다. 하나님의 부르심에 모세가 누구이냐는 중요하지 않았습니다. 모세의 능력이 어떤지, 무엇을 할 수 있는지는 전혀 상관이 없었습니다. 하나님의 부르심에 있어야 할 단 한 가지는, 천지만물을 창조하시고 무소부재(無所不在)하시며 전지전능하신 '우리 아버지 하나님의 함께하심'입니다. 하나님의 동행, 이것만 있다면 어떤 시련과 혼란 속에서도 하나님이 원하시는 그 목표에 이를 수 있을 테니 말입니다.

하나님이 동행해 주시는 부르심, 사랑하는 자를 불러 전능하신 하나님의 기적과 큰 권능을 보게 해 주시는 부르심, 미디안 광야의 양치기였던 모세에게 다가온 그 부르심은 우리에게도 다가옵니다. 하나님은 우리의 고단한 인생도 지켜보고 계십니다. 억울하고 속상한 우리의 사정 역시 하나님의 시선 안에 있습니다. 우리의 사정을 우리 자신보다 더 정확하게 아십니다. 그리고 우리가 넘어지거나 쓰러지지 않도록 친히 도우십니다. 무엇보다, 광야 같은 인생길에 깎이고 지쳐 아무것도 할 수 없다고 생각하는 우리에게 '기이한 광경'으로 '은밀히' 다가와 세미한 음성으로 마음을 보이며 '소명'을 주십니다. 그리고 모세에게 하신 것처럼, 이 소명을 이룰 때까지 우리와 함께하십니다.

하나님의 부르심은 우리의 삶을 축복하시는 하나님의 특별한 '동행'입니다.

품고 안아 주시다

2007년 3월 27일, 제1회 유튜브 비디오 시상식이 진행되었습니다. 7개 부문에 걸쳐 수상작이 발표되었는데, 그중 가장 감동적인 영상상은 '프리 허그'(Free Hugs)에 돌아갔습니다. 며칠 뒤, 〈오프라 윈프리 쇼〉에 이 동영상의 주인공 후안 만(Huan Man) 씨가 초대되었습니다. 제작 동기를 묻는 진행자에게 후안 만 씨는 다음과 같은 사연을 들려주었습니다.

"런던에 살던 저는 너무 힘이 들어 호주로 돌아가야만 했습니다. 시드니 공항에 도착했을 때 사람들이 공항에 마중 나온 가족, 친구들과 허그하며 웃는 것을 보았습니다. 하지만 저에게는 그럴 사람이 없었습니다. 돌아갈 집도 없었습니다. 고향에서도 저는 외로운 이방인이었습니다.

저는 큰 도화지를 사서 양쪽에 'Free Hugs'라고 쓰고 시드니의 도심으로 나가 높이 들었습니다. 사람들이 이상하다는 듯 힐끗거리며 지나갔습니다. 한참을 그렇게 서 있었습니다. 정말 길게 느껴졌는데 사실은 겨우 15분쯤 지났을 때였습니다. 한 부인이 다가와 제 어깨를 툭툭 쳤습니다. 그리고 자기 딸이 교통사고로 죽은 지 꼭 1년째 되는 그날 아침 자신의 애완견이 죽었다고 말했습니다. 이젠 완전히 혼자가 된 지금 꼭 필요한 것이 포옹이라고 말했습니다. 저는 한쪽 무릎을 꿇고 그 부인을 꼭 껴안았습니다. 헤어질 때, 그 부인은 미소 짓고 있었습니다. 사람들은 저마다 문제를 가지고 있습니다. 찡그리고 있던 얼굴이 잠시라도 미소를 머금을 수 있다면, 이 포옹은 의미가 있는 일 아닐까요?"

이야기를 들은 뒤 오프라 윈프리도 자신의 아픔을 나누었습니다. 태어난 지 얼마 안 되어 부모가 이혼을 하는 바람에 빈민가 이곳저곳을 전전하며 자란 그녀는 마약 중독과 미혼모라는 불행으로 점철된 세월을 살아야 했습니다. 비록 지금은 세계적인 갑부가 되고 UN이 선정한 '세계지도자상'도 받았지만, 정말 힘들고 허전할 때도 그녀는 떠올릴 만한 아버지의 품에 대한 기억이 없었습니다. 후안 만 씨는 오프라 윈프리를 꼭 안아 주었습니다. 비록 짧은 순간이었지만, 그녀에게 그 포옹은 평생 그리워했던 부모님의 따뜻한

품과 같았을 것입니다.

포옹은 마음의 굶주림만 해결해 주는 것이 아닙니다. 1995년, 미국 매사추세츠 병원에 쌍둥이 카이리와 브리엘이 태어났습니다. 12주나 빨리 출생한 미숙아로 몸무게는 겨우 1킬로그램 남짓했습니다. 그런데 브리엘의 심장에 심각한 문제가 있었습니다. 의사들도 가망이 없다고 고개를 저었습니다.

그때 아이들을 돌보던 간호사들이 각각 다른 인큐베이터에 있던 두 아이를 '엄마 배 속에서부터 함께 있던 아이들이니 같이 있게 해 주자'고 제안해 아이들을 한 인큐베이터 안에 나란히 눕혔습니다. 그런데 잠시 후 정말 놀라운 일이 벌어졌습니다. 건강한 아기 카이리가 작은 팔을 뻗어 아픈 아기 브리엘을 감싸 안았습니다. 그리고 이내 기적이 일어났습니다. 희미했던 브리엘의 심장 박동이 정상적으로 뛰기 시작한 것입니다. 곧이어 혈압과 체온도 정상을 되찾았습니다.

포옹과 접촉의 힘은 의학적으로도 입증된 바 있습니다. 1940년대 프랑스 국립병원의 심리학자였던 르네 스피츠(Rene Spitz) 박사는 수천 명의 아이들을 대상으로 연구한 결과, 피부의 접촉이 없는 아이들에게서 나타나는 '접촉 결핍증'이 아이들의 세포를 죽인다는 놀라운 사실을 발표했습니다. 이처럼 포옹은 정신적, 신체적으로 놀라운 힘이 있습니다. 그리고 하나님은 당신의 백성을 이처럼 안아 주십니다.

출애굽을 한 이스라엘은 약 1년쯤 되었을 때 가나안이 보이는 요단 강변에 도착합니다. 모세는 정탐꾼을 뽑아 가나안 땅으로 보냈습니다. 그런데 돌아온 정탐꾼들은 겁에 질려 있었습니다. 여호수아와 갈렙이 '저들은 우리의 밥'이라고 했다가 몰매를 맞아 죽을 뻔했습니다. 동요하기 시작한 백성들은 하나님의 언약을 의심하며 이곳까지 그들을 인도해 온 모세를 원망했습니다. 그러다가 하나님의 진노로 죽을 뻔한 고비에서 모세의 목숨 건 중보기도로 겨우 살아납니다. 그 후에 모세는 지난 세월 하나님이 광야에서 이스라엘 백성을 어떻게 보호하고 지키셨는지를 생각하게 했습니다.

"광야에서도 너희가 당하였거니와 사람이 자기의 아들을 안는 것같이 너희의 하나님 여호와께서 너희가 걸어온 길에서 너희를 안으사 이곳까지 이르게 하셨느니라"(신 1:31).

지난 1년간은 이스라엘 백성을 향한 하나님의 놀라운 사랑의 고백이자 뜨거운 포옹이었습니다. 200만 명이나 되는 이스라엘 백성을 모두 애굽에서 구출해 내셨을 뿐 아니라, 빈손으로 나오지 않게 하셨습니다. 홍해를 갈라 마른땅으로 건너게 하셨고, 하늘에서 만나와 메추라기를 내려 먹이셨습니다. 광야 전문가 모세를 세워 광야의 불뱀과 전갈로부터 보호하셨고, 동서남북에서 출몰하는 이민족들과의 전투에서 승리하도록 도우셨습니다. '먼저 그 길을 가며 장막 칠 곳을 찾으시고, 밤에는 불로, 낮에는 구름으로 그들이 갈 길을 지시'하셨습니다.

모세는 "너희보다 먼저 가시는 너희의 하나님 여호와께서 애굽에서 너희를 위하여 너희 목전에서 모든 일을 행하신 것같이 이

제도 너희를 위하여 싸우실 것”(신 1:30)이라 말하며 이스라엘 백성을 독려했습니다. 그는 하나님이 한 손으로는 우리를 품에 안으시고, 다른 한 손으로는 우리를 위해 싸우시는 모습을 본 것입니다.

이스라엘 민족을 향한 하나님의 ‘프리 허그’, 그 품에는 누구든 안길 수 있습니다. 하나님은 외롭고 버림받은 그들을 향해 당신의 품을 내어 주셨습니다. 그 무한대의 사랑과 은혜의 온기를 받은 우리도 외로운 누군가를 향해서 팔을 벌리는 사람이 되어야 할 것입니다.

아빠 아버지가 되시다

예수님을 영접하면 하나님은 새로운 신분을 주십니다. 예수님을 믿기 전이나 믿고 난 후나 세상에서 당장 크게 달라지는 것은 없습니다. 안 되던 일이 갑자기 확 형통하게 되거나 승진을 해서 출세하는 것도 아닙니다. 갑자기 부자가 되는 것도 아닙니다. 하지만 한 가지 확실히 달라지는 것이 있는데, 바로 영적인 신분입니다.

성경은 "영접하는 자 곧 그 이름을 믿는 자들에게는 하나님의 자녀가 되는 권세를 주셨으니"(요 1:12)라고 말씀합니다. 또한 "너희는 다시 무서워하는 종의 영을 받지 아니하고 양자의 영을 받았으므로 우리가 아빠 아버지라고 부르짖느니라"(롬 8:15)라고 말씀합니다. 우리가 하나님의 자녀라는 완전히 새로운 신분을 받았다는 것입니다. 예수님을 믿는 우리는 하나님의 자녀가 되고, 하나님은 우리의 아빠 아버지가 되셨습니다.

예수님도 기도할 때 종종 아빠라고 부르시곤 했습니다. 아빠라는 단어는 예수님의 모국어인 아람어로 '아바'라 하는데, 이는 어린아이가 아버지를 부를 때 쓰는 아주 친근한 호칭입니다. 어린아이에게 아버지는 마치 전능하신 하나님과 같습니다. 무엇이든 소원을 들어주는 아버지, 잘못을 했어도 너그럽게 용서해 주는 아버지, 무엇보다 한없이 넓고 큰 품을 가진 존재가 바로 어린아이가 보는 '아빠'입니다.

같은 원리로 '아빠' 하나님에게 우리는 어린 자녀와 같습니다. 히브리어에서 전능하신 하나님을 뜻하는 '엘 샤다이'는 엘(하나님)과 샤다이(젖가슴)의 합성어입니다. 다양하게 해석할 수 있지만, 가슴에 아기를 품은 혹은 젖을 먹이는 하나님이란 뜻입니다. 우리에게 있어 하나님은 그렇게 생존에 필요한 젖을 공급하시는 어머니 같은 분이고, 하나님에게 있어 우리는 젖을 먹는 강보에 싸인 자녀라는 뜻을 함축하고 있습니다. 아기에게 젖을 물린 어머니와 그 젖을 먹는 아기는 어떤 관계입니까? 그 순간 두 사람은 완벽한 하나입니다. 세상 그 무엇도 떼어 놓을 수 없는 관계입니다. 아빠이신 하나님과 강보에 싸인 젖먹이 어린아이, 이것이 바로 하나님이 우리에게 허락하신 영적인 부모 자녀의 관계입니다.

이 관계에는 몇 가지 특징이 있습니다. 첫째, 하나님은 우리의 있는 모습 그대로를 기뻐하십니다.

"너의 하나님 여호와가 너의 가운데에 계시니 그는 구원을 베푸실 전능자이시라 그가 너로 말미암아 기쁨을 이기지 못하시며 너를 잠잠히 사랑하시며 너로 말미암아 즐거이 부르며 기뻐하시리라 하리라"(습 3:17).

누가복음에는 이 기쁨이 세 가지의 '찾는 비유'로 등장합니다. 잃어버린 양, 잃어버린 동전, 잃어버린 아들의 비유가 그것입니다. 각각의 비유는 공통적으로 주인이 잃어버린 소중한 무엇인가를 다시 찾는 기쁨을 말하고 있습니다. 그래서 이야기는 즐거운 잔치로 마무리됩니다. 잔치는 하나님의 기쁨을 표현합니다. 하나님을 등지고 살던 죄인인 우리가 하나님의 자녀가 된 그 순간, 하나님이 계신 천국에서는 기쁨의 잔치가 벌어진다는 것입니다. 이때 우리가 '어떠한 존재인가'는 상관없습니다. 오직 우리의 '돌이킴'만이 잔치를 베풀어야 하는 이유입니다.

둘째, 아버지 되신 하나님은 자녀인 우리의 모든 것을 책임져 주십니다. 부모가 자식을 돌보고 보호하는 것은 책임감이 아닌 본능입니다. 우리의 머리털까지 헤아리고 계시는 하나님은 우리의 필요를 정확하게 아십니다. 그래서 가장 정확한 때에 가장 좋은 방법으로 해결해 주십니다. 너무도 당연한 일입니다. 그런데 정작 자녀 된 우리는 하나님을 의지하지 않고 알량한 자신의 머리와 힘으로 문제를 해결하려고 합니다. 인간의 타락은 하나님처럼 전능자가 되어 보려는 교만과 착각에서 비롯됩니다.

인간은 부분적으로 유능할 수는 있으나 하나님과 같은 전지전능한 존재는 아닙니다. 어느 편이 문제를 더 잘 해결할 수 있을까요? 당연히 하나님이 하시는 게 정답입니다. 더 정확합니다. 이 차이를 알고 인정하고, 아버지 하나님에게 우리 인생의 주도권을 내어 드리는 사람이 '자녀'입니다.

셋째, 아버지 하나님은 우리의 길을 바로잡아 주십니다. 하나님의 가장 무서운 형벌은 '내버려 두시는 것'입니다. 돌아보지 않으시는 것입니다.

한 기업가 청년이 목사님을 찾아와 하소연을 했습니다.

"최근까지 일이 아주 잘 풀렸습니다. 목사님 기도 덕분이라는 걸 잘 압니다. 제 신앙도 쑥쑥 자라고 있었습니다. 그런데 며칠 전부터 이상하게 일이 꼬이고 있습니다. 돌파구가 보이질 않아요. 목사님이 계속 저를 위해 기도해 주시는데 왜 이런 일이 일어나고 있는 것일까요?"

"아, 그래요? 일이 안 좋게 흘러가고 있는 건 맞습니까?"

"네. 아주 최악입니다."

"그럴 리가요. 선하신 주님은 늘 가장 선한 길로 우리를 인도하십니다."

"그렇게 믿고 싶은데 상황은 반대입니다. 혹시 기도가 소용없는 게 아닐까요?"

그러자 목사님은 잠시 고민한 후 입을 열었습니다.

"그렇다면 앞으로 일주일 동안 당신을 위한 기도를 멈춰 볼까요? 그러면 정말 기도가 소용이 있는지 없는지 알 수 있지 않을까요?"

그 말을 들은 청년은 잠시 머뭇거리더니 이렇게 대답했습니다.

"아닙니다. 좀 힘들어도 선하신 하나님을 믿고 이 상황을 견뎌 보겠습니다."

그로부터 며칠 뒤, 청년으로부터 위기를 잘 이겨 냈다는 연락이 왔습니다. 덧붙여서 이번 위기를 통해 회사에서 위기관리 능력을 인정받아 더 큰 프로젝트를 맡게 되었다고 기뻐했습니다.

혹시 당신도 이 청년처럼 의심하고 있지는 않습니까? 전능하신 아버지 하나님이 우리 삶을 이끌고 가신다는 사실을 어떤 상황에서도 의심해서는 안 됩니다. 모든 것이 우리 뜻대로 이루어져 갈 때 오히려 '뭔가 잘못되고 있지 않나' 돌아봐야 합니다. 우리가 하나님이 기뻐하시는 길로 가고 있는지 기도를 통해 묻고 도움을 청해야 합니다. 만일 그 일이 옳지 않을 때, 하나님은 틀림없이 'No!'라고 응답하심으로써 잘못된 길로 들어선 우리를 바르게 인도해 주시기 때문입니다.

넷째, 아버지 하나님은 우리가 성숙한 자녀로 자라게 하십니다. 그 과정이 아프고 힘들지라도 하나님은 우리에게 다양한 상황을 허락하시어 우리가 성장하도록 도우십니다. 왜냐하면 하나님은 우리를 있는 모습 그대로 자녀 삼아 주셨지만, 우리가 젖먹이 어린아이와 같은 상태로 머물러 있는 것은 원치 않으시기 때문입니다.

"주께서 그 사랑하시는 자를 징계하시고 그가 받아들이시는 아들마다 채찍질하심이라 하였으니 너희가 참음은 징계를 받기 위함이라 하나님이 아들과 같이 너희를 대우하시나니 어찌 아버지가 징계하지 않는 아들이 있으리요 징계는 다 받는 것이거늘 너희에게 없으면 사생자요 친아들이 아니니라"(히 12:6-8).

자녀의 성장을 위해 아버지 하나님이 가장 흔히 사용하시는 것은 고난입니다. 너무 편하고 부하면 구원의 가치를 모르기 때문에 고난을 통해 순종을 배우고 또한 감사를 배워 가게 하십니다. 고난만큼은 예수님도 예외가 아니었습니다. 히브리서 5장 8절에서 "그가 아들이시면서도 받으신 고난으로 순종함을 배워서"라고 말씀하고 있듯, 성자 하나님인 예수님도 우리처럼 고난을 통해서 순종을 배우셨습니다.

사람과의 관계도 주님의 교육 장치입니다. 동역을 하다 보면 관계의 문제에 부딪힙니다. 힘들고 어렵지만, 점차 사람에 대한 구체적인 이해를 갖게 됩니다. 사람은 믿을 대상 아니라 사랑하고 용서하고 용납해야 되는 대상임을 '관계의 문제'를 통해 배우게 됩니다.

다섯째, 아버지 하나님은 봉사나 사역을 성숙의 도구로 쓰십니다. 봉사의 짐을 지지 않으면 당장은 편합니다. 그러나 영적 근육은 자라지 않습니다. '홍해 건너기'가 하나님의 '자녀 삼으심, 즉 구원'이라면, 우리의 '성숙'은 '요단 강 건너기'와 같습니다. 유속도 빠른데다 깊기까지 한 강물에 발을 내디디면 이내 휩쓸립니다. 그 물살을 헤치고 강을 건너는 데에는 이 강을 건너게 하실 하나님에 대한 믿음과 눈앞의 문제들을 하나님의 시선으로 보는 영적인 근육이 필요합니다. 소명을 하나씩 감당해 나가는 동안 우리의 영적인 근육이 더욱 단단해집니다.

고난이 없다면 감사와 순종을 배울 수 없습니다. 관계의 어려움을 모르면 사랑과 용서도 할 줄 모르게 됩니다. 또한 봉사의 짐을 지지 않으면 영적인 근육이 단단해질 수 없습니다. 하지만 늘 기억해야 합니다. 하나님은 우리가 믿음의 강을 건널 때 강 건너편에서 기다리시는 분이 아닙니다. 사실 지나온 삶을 돌아보면 거센 강물을 헤치고 건너온 이는 우리가 아니라 우리를 안고 계신 하나님이셨습니다.

자녀가 환갑이 되어도 부모 눈에 자식은 언제나 물가에 내어놓은 아이 같다고 합니다. 우리가 아무리 성숙한 자녀라 해도 아빠 아버지인 하나님에게 우리는 가슴에 품은 귀한 자녀입니다. 우리를 품에 안고 결코 내려놓지 않으시는 엘 샤다이의 하나님을 날마다 붙드십시오. 우리가 그분의 자녀임을 절대로 잊지 마십시오.

불쌍히 여기시다

빛의 마술사로 알려져 있는 렘브란트(Rembrandt)의 〈탕자의 귀환〉이라는 작품이 있습니다. 렘브란트가 세상을 떠난 1669년에 완성된 이 작품은 러시아 상트페테르부르크의 에르미타주 박물관에 소장되어 있습니다.

그림에서 등을 보이며 무릎을 꿇은 사람이 탕자인 둘째 아들입니다. 이 둘째 아들의 왼발은 상처투성이고, 오른발은 다 망가진 샌들을 걸치고 있습니다. 머리는 삭발했고, 옷은 지독하게 남루합니다. 죄책감 때문인지 얼굴마저 파묻고 있습니다. 아들의 존엄성과 품격은 전혀 보이지 않습니다.

탕자를 끌어안고 있는 노인은 아버지입니다. 아버지의 눈은 짓

렘브란트, 〈탕자의 귀환〉

물러 있습니다. 아버지는 시력을 잃어버릴 정도로 집 나간 자식을 애타도록, 아주 간절히 기다려 왔습니다. 렘브란트는 돌아온 아들을 감싸 안는 아버지의 양 손을 다르게 그렸습니다. 왼손은 힘줄이 두드러진 강한 손이지만, 오른손은 매끈하고 부드러운 손입니다. 아버지의 강함과 엄격함 속에 숨은 자상함을 표현하고 있습니다.

그런데 오른쪽에 지팡이를 짚은 채 둘째 아들을 끌어안고 있는 아버지를 지켜보는 사람이 있습니다. 노인과 같은 붉은색 망토를 걸치고 있는 이 젊은이는 큰아들입니다. 하지만 표정이 썩 밝지 가 않습니다. 당연히 달려가 동생을 끌어안아야 할 그가 멀찍이 서서 바라보고만 있습니다. 완고한 눈빛과 꼿꼿한 자세는 이 감격적인 해후가 전혀 반갑지 않다는 듯 냉랭함이 감돕니다. 모아 잡은 두 손도 탕자 아들을 따뜻하게 감싸 안고 있는 아버지의 손과는 대조적입니다.

그럴 만도 합니다. 오래전 동생은 자기 몫의 유산을 미리 받아 집을 나갔습니다. 아버지의 돈으로 제멋대로 방탕하게 살았습니다. 그러나 그 삶은 오래가지 못했습니다.

"그 후 며칠이 안 되어 둘째 아들이 재물을 다 모아 가지고 먼 나라에 가 거기서 허랑방탕하여 그 재산을 낭비하더니 다 없앤 후 그 나라에 크게 흉년이 들어 그가 비로소 궁핍한지라"(눅 15:13-14).

허랑방탕함과 낭비의 끝은 궁핍이었습니다. 완전히 파산한 그는 사람들에게 가장 멸시당하는 돼지 치는 노예가 되었습니다. 돼지는 유대인에게 부정한 짐승이었기 때문에 그는 더욱 멸시와 천대를 받아야 했습니다. 그러다 어차피 종 신세라면 아버지 집의 종이 되는 게 낫겠다 싶어 마지막 힘을 다해 집으로 돌아온 것입니다.

그런데 아버지가 문 앞에서 기다리고 있다가 달려 나와 그의 초라한 행색을 보고 눈물을 흘리며 끌어안았습니다. 아들은 부끄러워하며 종으로 받아 달라고 했지만, 아버지는 그에게 옷을 입히고 반지를 끼워 주며 그를 다시 아들로 받아 주었습니다. 그뿐 아니라 성대한 잔치를 베풀어 그의 귀향을 축하했습니다. 이 모든 것은 잃어버린 아들을 향한 아버지의 측은지심(惻隱之心) 때문이었습니다.

이때 밭에서 일을 하고 돌아온 큰아들이 집에 잔치가 벌어진 사연을 알고 아버지에게 "내가 여러 해 아버지를 섬겨 명을 어김이 없거늘 내게는 염소 새끼라도 주어 나와 내 벗으로 즐기게 하신 일이 없더니 아버지의 살림을 창녀들과 함께 삼켜 버린 이 아들이 돌아오매 이를 위하여 살진 송아지를 잡으셨나이다"(눅 15:29-30)하며 항의합니다. 한마디로 아버지가 공평하지 못하다는 것입니다. 틀린 말이 아닙니다. 큰아들은 아버지 곁을 떠나지 않았습니다. 아버지에게 순종하며 주어진 일을 충성되게 감당해 왔습니다. 흠잡을 데 없이 반듯한 아들입니다. 하지만 그래서 더욱 오늘의 잔치에 마음이 상합니다. 큰아들의 이런 마음이 렘브란트의 붓끝을 통해 그대로 화폭에 옮겨진 것입니다.

렘브란트는 큰아들 역시 아버지 품으로 돌아와야 할 탕자로 보았습니다. 그래서 큰아들의 귀환도 같은 무게로 그려 넣은 것입니다. 만일 그가 둘째 아들의 귀향만을 그리려 했다면 아버지의 포옹 장면은 화폭 한가운데 있어야 합니다. 그러므로 렘브란트의 작품은 〈탕자의 귀환〉이라기보다 〈탕자들의 귀환〉이라고 하는 것이 더 정확합니다.

다시 이야기로 돌아가서, 큰아들의 불편한 심리가 그의 말속에서 드러납니다. "내가 여러 해 아버지를 섬겨 명을 어김이 없거늘"(눅 15:29). 여기에서 '섬기다'라는 단어의 헬라어 원뜻은 종이나 노예의 행위를 뜻합니다. 그러므로 이 큰아들의 고백에는 '내가 아버지를 노예같이 섬겨 한 번도 명령을 어기지 않았다'는 의미가 담겨 있습니다. 그는 아버지의 마음에 들기 위해 부단히 애썼지만, 아버지의 사랑을 제대로 몰랐던 것입니다.

그런 상처 받은 큰아들의 마음을 아는 아버지가 아들에게 말합니다. "얘 너는 항상 나와 함께 있으니 내 것이 다 네 것이로되" (눅 15:31). 여기에서 '얘'라는 말은 헬라어로 '테크논'이라 하는데, 이는 아버지가 자녀를 부를 때 사용하는 애정 어린 호칭입니다. 대체로 큰아들은 책임감이 강합니다. 하지만 아버지에게는 언제나 사랑스러운 자녀일 뿐입니다. 큰아들이 아버지의 일을 마치 노예가 주인을 섬기듯 했다고 하는 말에 아버지는 마음 아파하며 둘째 아들 못지않게 큰아들을 측은히 여깁니다.

아버지는 자신의 모든 것이 큰아들의 것이라고 말합니다. 큰아들은 고개를 갸웃했을 것입니다. 동생도 있는데 아버지는 왜 당신의 것을 모두 큰아들의 것이라고 말했을까요? 재산은 형제에게 나누어 주어야 할 텐데 말입니다. 하지만 이것은 사람의 셈법입니다. 예수님의 계산법은 다릅니다.

이 '탕자의 비유'는 예수님이 바리새인들에게 들려주신 세 개의 이야기 중 하나입니다. 예수님이 세리와 죄인들을 가까이하며 천국의 복음을 전하는 것을 바리새인과 서기관들이 불만스럽게 여기자 예수님은 '잃어버린 양의 비유'와 '잃어버린 드라크마의 비유'에 이어 이 탕자의 이야기를 들려주셨습니다.

바리새인의 계산법으로 볼 때 거룩하지 못한 율법 밖의 사람들은 하나님의 자녀가 될 수 없습니다. 율법을 지켜서 자기 힘으로 천국에 가겠다고 생각하는 바리새인들은 경건도 모르고 율법도 모르는 세리나 죄인들과 하나님 나라를 나누거나 함께할 수 없습니다. 그러나 하나님 나라는 무한대입니다. 예수님이 말씀하신 것처럼 '거할 곳'이 많습니다. 그러니 영역 싸움을 할 필요가 없습니다. 예수님은 이 탕자의 비유를 통해 '하나님 나라'의 원리와 하나님 아버지의 마음을 설명하고 계신 것입니다.

예수님의 이야기는 계속됩니다. 큰아들에게 모든 것을 다 주겠다고 한 아버지는 이제 큰아들의 주의를 동생에게 환기시킵니다. "이 네 동생은 죽었다가 살아났으며 내가 잃었다가 얻었기로 우리가 즐거워하고 기뻐하는 것이 마땅하다"(눅 15:32). 여기서 아버지는 '우리'라고 말합니다. '너는 동생의 경쟁자가 아니다. 나의 동역자다. 너는 나다!' 이렇게 말하고 있는 것입니다. 동시에 큰아들도 아버지의 마음으로 동생을 품어야 한다고 말하고 있는 것입니다.

아버지의 마음을 알게 된 큰아들은 어떻게 했을까요? 돌아온 탕자의 이야기는 여기서 끝납니다. 예수님은 율법은 알아도 하나님의 마음은 몰랐던 바리새인과 서기관들에게 '죄인들을 측은히 여기고 구원하기 원하시는' 하나님의 마음을 전해 주시며 '이제 어떻게 하겠느냐'고 물으신 것입니다. 그리고 동일하게, 우리에게도 묻고 계십니다.

하나님을 처음 만났을 때 우리는 모두 탕자와도 같은 둘째 아들이었습니다. 모든 죄를 덮고 품어 주신 하나님 아버지의 은혜로 우리 모두는 그분의 자녀가 되었습니다. 그 은혜가 너무도 감사해서 제자의 삶을 살며 교회 공동체의 구성원이 되어 헌신하고 봉사하기 시작했습니다. 다양한 교회 사역에서 수고하는 사이 교회에서 잔뼈가 굵어진 하나님의 충성스러운 일꾼이 되었습니다.

그런데 어느 때부터인가 누군가가 자꾸 눈에 거슬립니다. 영리하게 자기 유익만 챙기는 사람인데 말없이 충성한 나보다 더 인정받고 선택을 받는 것 같아 속이 편하지 않습니다. 그래서 험담하고 비판하다가 그가 다시 중직에 임명되자 분노를 터뜨립니다. 둘째 아들이었던 우리가 어느덧 첫째 아들이 된 것입니다.

하지만 하나님은 큰아들이나 둘째 아들 모두를 측은하게 여기는 아버지이십니다. 어느 한 명도 잃어서는 안 되는 소중한 자녀이기 때문입니다. 또한 하나님은 사랑하는 자녀들에게 그들이 가진 은사와 달란트에 따라 '모든 것'을 풍성하게 주십니다. 온 천하 만물의 주인이신 아버지 하나님 집에서는 자녀들이 서로 더 많이 차지하려고 경쟁하거나 싸울 필요가 없습니다.

그러니 우리가 지금 어떤 상황에 처해 있든 눈앞이 침침해지도록 눈물로 기다리시는 하나님 아버지의 집으로 돌아가야 합니다. 또한 그렇게 힘들게 돌아온 탕자 같은 영혼들을 하나님 아버지와 같은 마음으로 품고 형제로 받아들여야 합니다. 진심으로 축복하고 잔치를 베풀며 우리가 하나님에게 받아 누리는 축복과 은혜와 평안을 그 형제가 누릴 수 있도록 섬겨야 합니다. 하나님의 집에서는 서로 측은히 여기며 사랑하고 나눌수록 풍성해집니다. 그렇게 형제들이 다 같이 부요해지는 곳이 바로 하나님 아버지의 집입니다.

바위 밀기

한 병약한 남자가 있었습니다. 그는 건강이 좋지 않다 보니 매사에 의욕 없이 살아가고 있었습니다. 그런데 그 사람의 집 앞에는 큰 바위가 있었습니다. 바위가 어찌나 큰지, 집을 드나들 때마다 여간 불편한 게 아니었습니다. 그러던 어느 날, 하나님이 꿈에 찾아오셔서 '사랑하는 아들아! 집 앞의 바위를 매일 밀어라!' 하고 말씀하셨습니다.

꿈에서 깬 남자는 하나님이 바위를 치워 주시려나 보다 생각하고 매일 바위를 밀었습니다. 그렇게 8개월이 지나는 동안 점차 자신의 꿈에 회의가 생겼습니다. 이상한 생각이 들어 바위의 위치를 자세히 측량해 보았습니다. 그 결과 1인치도 밀리지 않은 것을 확인하게 되었습니다. 그는 억울해서 펑펑 울었습니다. 그런데 그때 꿈에 나타나신 하나님이 찾아와 말씀하셨습니다.

"사랑하는 아들아! 왜 그렇게 슬퍼하는 거니?"

"하나님 때문입니다. 하나님 말씀대로 지난 8개월 동안 희망을 품고 바위를 밀었는데, 바위는 전혀 옮겨지지 않았습니다."

"나는 네게 바위를 옮기라(move the rock)고 한 적이 없는데? 그냥 바위를 밀라(push against the rock)고 했을 뿐이야."

"아니, 바위를 옮길 것도 아닌데 왜 밀라고 하셨죠?"

"궁금하면 가서 거울을 보렴."

하나님은 빙그레 웃으며 답하셨습니다. 남자는 고개를 갸웃하며 거울을 보았습니다. 거울 속에는 병약했던 자신이 아닌 근육질로 변한 자신이 서 있었습니다. 그제야 생각해 보니 지난 8개월 동안 밤마다 하던 기침이 사라진 것을 알았습니다. 불면증도 사라져 잠을 잘 자게 돼 아침이면 기분이 무척 상쾌했던 일들이 떠올랐습니다. 하나님의 계획은 바위의 위치를 옮기는 게 아니라 그를 변화시키는 것이었습니다.

2

하나님과의 동행, 거록

"내가 거룩하니 너희도 거룩할지어다"(레 11:45).

거룩, 여호와 하나님을 향하여 서다

모세오경의 네 번째 책인 민수기(Numbers)는 원래 히브리어로 '광야에서'라는 뜻의 '베 미드바르'였습니다. 그런데 헬라어로 번역되면서 '숫자들'이라는 뜻의 '아라이모이'로 바뀝니다. 모세가 하나님의 명령에 따라 인구 조사를 실시해서 많은 숫자와 통계가 등장하는 점에 착안한 이름입니다.

모세가 광야에서 인구 조사를 실시한 것은 출애굽을 한 지 1주년이 되었을 즈음, 성막을 세운 직후였습니다. 하나님은 전체 인구가 아닌, 지파별로 싸움에 나갈 만한 자를 뽑고 지휘자를 세워 군대를 편성하라고 말씀하셨습니다. 그리고 전쟁에 대비해 다음과 같은 진영 배치를 명령하셨습니다.

"너는 레위 지파만은 계수하지 말며 그들을 이스라엘 자손 계수 중에 넣지 말고 그들에게 증거의 성막과 그 모든 기구와 그 모든 부속품을 관리하게 하라 그들은 그 성막과 그 모든 기구를 운반하며 거기서 봉사하며 성막 주위에 진을 칠지며 성막을 운반할 때에는 레위인이 그것을 걷고 성막을 세울 때에는 레위인이 그것을 세울 것이요 외인이 가까이 오면 죽일지며"(민 1:49-51).

하나님은 당신의 작전 지휘소를 관리하는 본부 병력으로 레위 지파를 특별히 구분해서 부르셨습니다. 레위인은 적과의 전투에서는 제외되었으나, 성막과 그곳에 속한 모든 것을 관리하고 지켜야 하는 막중한 책임을 맡게 된 것입니다. 그런데 왜 하나님은 특별히 레위인을 구별해서 이 막중한 책임을 주신 것일까요?

사실 레위인도 성막에는 함부로 접근할 수 없었습니다. 특히 지성소에 들어갈 자격이 있었던 제사장이나 대제사장은 들어가기 전에 먼저 죄 용서함을 구하는 속죄제를 드려야 했습니다. 몸과 마음을 깨끗하게 한 다음에야 하나님 앞으로 나아갈 수 있다는 의미입니다. 또한 하나님이 지시하신 올바른 절차와 방식을 따라야 했습니다. 대제사장 아론의 아들이 하나님이 쓰라고 하신 불을 쓰지 않고 다른 데서 불을 가져와 성막을 밝혔다가 즉사했습니다. 외인의 접근을 막아야 했던 레위인이 스스로 하나님의 명령을 어긴 외인이 되어 버린 것입니다.

한때 레위인 모두가 그런 족속이었습니다. 레위는 야곱의 아내 레아의 셋째 아들로, '친밀함'이라는 뜻을 가진 그의 이름은 어머니 레아가 지어 준 것입니다. 라헬만을 사랑했던 남편 야곱의 사랑을 갈구하는 어머니 레아의 한이 담긴 이름입니다. 그런 레아의 한이 레위에게도 유산처럼 흘렀는지, 그는 어렸을 때부터 폭력적이었습니다. 이런 성정은 여동생 디나가 세겜 사람들에게 겁탈을 당하자 여지없이 폭발합니다. 용서를 구하는 세겜 사람들을 속여 형 시므온과 함께 피의 복수를 했습니다. 이때의 일을 두고 야곱은 죽기 전 레위 지파에게 "그들이 그들의 분노대로 사람을 죽이고 그들의 혈기대로 소의 발목 힘줄을 끊었음이로다 그 노여움이 혹독하니 저주를 받을 것이요 분기가 맹렬하니 저주를 받을 것이라 내가 그들을 야곱 중에서 나누며 이스라엘 중에서 흩으리로다"(창 49:6b-7) 하고 말하며 그들에게 저주가 임할 것이라고 유언했습니다. 결국 수백 년의 세월이 흐르는 동안 레위 족속은 사방으로 흩어져 열두 지파 중에서 가장 미미한 지파로 전락했습니다.

그런 레위 지파에 또 한 번의 시험이 찾아왔습니다. 모세가 시내 산에 올라간 사이 불안했던 이스라엘 백성은 그들을 위해 금송아지를 신으로 삼았습니다. 하나님에게로 돌이키는 데에는 수백 년이 걸렸지만, 다시 돌아서는 데에는 단 며칠도 걸리지 않았습니다. 하지만 망설임 없이 우상 숭배의 길로 달려가고 있는 동족들 사이에서 레위 지파는 끝까지 우상 숭배를 거부했습니다. 이윽고 모세가 내려와 백성이 만든 금송아지를 깨부순 후 비장한 결단을 내렸습니다.

"이에 모세가 진 문에 서서 이르되 누구든지 여호와의 편에 있는 자는 내게로 나아오라 하매 레위 자손이 다 모여 그에게로 가는지라 모세가 그들에게 이르되 이스라엘의 하나님 여호와께서 이렇게 말씀하시기를 너희는 각각 허리에 칼을 차고 진 이 문에서 저 문까지 왕래하며 각 사람이 그 형제를, 각 사람이 자기의 친구를, 각 사람이 자기의 이웃을 죽이라 하셨느니라 레위 자손이 모세의 말대로 행하매 이날에 백성 중에 삼천 명가량이 죽임을 당하니라" (출 32:26-28).

모세의 명령 앞에서 레위 지파는 무슨 생각을 했을까요? 무모한 살육으로 야곱의 저주를 받았던 레위 지파 앞에 두 번은 하고 싶지 않은 엄청난 피의 전쟁이 다가온 것입니다. 우상 숭배의 광풍을 무사히 잘 넘겼다 싶어 안도하는 그들 앞에 동족을 죽여야 하는 '힘겨운' 미션이 주어졌습니다. 만에 하나 일이 잘못되면 동족들 손에 그나마 남은 레위 지파마저 몰살당할 수도 있는 상황이었습니다.

그러나 레위인은 하나님의 명령에 순종해 칼을 뽑았습니다. 이날 그들의 손에 죽은 이스라엘 백성의 수가 3천 명에 달했습니다. 그중에는 자신의 친척과 친구와 가족들도 포함되어 있었습니다. 하지만 이들은 주저함이 없었습니다. 그것만이 하나님을 배신한 이스라엘의 몰락을 막을 수 있는 길이었기 때문입니다.

과연 그 임무를 다한 뒤 하나님은 이스라엘 민족을 용서하셨고, 무엇보다 레위 지파를 돌아보셨습니다. 그리고 성막을 관리하고 지키는 복을 주셨습니다. 하나님의 제일 가까이에서 하나님을 섬기고 하나님의 계명을 가르치는 종으로 부르심을 받았을 뿐 아니라, 하나님이 친히 레위인의 기업이 되어 주시겠다는 약속도 받았습니다. 약 40년 후 가나안에 들어가기 직전, 하나님은 모세를 통해 레위를 거듭 축복하셨습니다.

"그는 그의 부모에게 대하여 이르기를 내가 그들을 보지 못하였다 하며 그의 형제들을 인정하지 아니하며 그의 자녀를 알지 아니한 것은 주의 말씀을 준행하고 주의 언약을 지킴으로 말미암음이로다 주의 법도를 야곱에게, 주의 율법을 이스라엘에게 가르치며 주 앞에 분향하고 온전한 번제를 주의 제단 위에 드리리로다" (신 33:9-10).

이로써 레위는 그 옛날 야곱이 내린 저주로부터 자유로워졌습니다. 남편과의 연합을 갈구하던 여인의 한이 서린 이름이 아니라, 하나님에게 연합해서 복을 누리는 명예로운 이름이 된 것입니다. 이처럼 누구든지 하나님에게 나아가고자 하는 자는 먼저 하나님을 온전히 신뢰하고 순종함으로써 스스로를 깨끗하게 해야만 합니다. 이것이 하나님이 우리에게 명하신 거룩의 첫 번째 명령입니다.

거룩에 관한 두 번째 명령은 진영 배치에서 드러납니다. 하나님이 명령하신 진영 배치를 보면, 성막을 지키는 책임이 레위 지파에게만 있었던 것은 아닙니다. 성막에 가장 가까이 있었던 이들은 레위인이었지만, 성막과 레위를 둘러싸고 있는 이들은 열두 지파의 군대였습니다. 이스라엘의 군대는 가족뿐 아니라 레위 지파와 백성까지도 지켜야 하는 의무가 있었습니다.

그런데 진영 배치가 여간 이상한 게 아닙니다. 일반적으로 군대의 진영 한복판에는 최고 사령관의 지휘부가 있게 마련입니다. 그런데 하나님은 이스라엘 군대 한복판에 성막을 두게 하셨습니다. 하나님이 이들이 치를 전쟁의 작전 사령관이시라는 뜻입니다. 거기까지는 그래도 납득할 수 있는데 이것으로 끝이 아닙니다.

"여호와께서 모세와 아론에게 말씀하여 이르시되 이스라엘 자손은 각각 자기의 진영의 군기와 자기의 조상의 가문의 기호 곁에 진을 치되 회막을 향하여 사방으로 치라"(민 2:1-2).

성막 주변을 둘러싸고 있는 지파별 군대의 진영은 모두 성막을 바라보라고 하신 것입니다. 성막은 하나님이 임재하시는 거룩한 곳이니 제사를 드리고 예배를 드릴 때라면 당연히 모두가 성막을 향해서 서는 게 맞습니다. 하지만 진영 배치는 전쟁에 대비하기 위한 것입니다. 그러므로 성벽을 지키는 파수꾼이 성 밖을 향해서 서듯이, 성막을 지켜 내기 위해서는 진영의 출입구가 바깥쪽을 향하고 있어야 합니다.

그러나 하나님은 '성막(회막)을 향하여 사방으로 치라'고 명령하셨습니다. 그것은 전쟁을 할 때에도 하나님의 백성은 오직 하나님만을 보라는 뜻입니다. 동시에 외부로부터 몰려오는 적과의 전쟁은 하나님이 하신다는 뜻입니다. 결과적으로 성막과 레위는 물론, 하나님의 백성까지 하나님이 지키신다는 뜻입니다. 이것을 알았던 솔로몬은 시편 127편 1절에서 "여호와께서 집을 세우지 아니하시면 세우는 자의 수고가 헛되며 여호와께서 성을 지키지 아니하시면 파수꾼의 깨어 있음이 헛되도다"라고 고백했습니다.

삶의 모든 순간 하나님을 바라보는 것, 이것이 거룩입니다. 우리의 삶과 우리의 시선이 하나님을 향해 선 거룩한 상태일 때, 하나님이 우리의 모든 것을 지키십니다. 우리의 가정을 지키시고, 보호하시며, 축복하십니다. 교회가 진정한 예배로 하나님을 찬양하고, 하나님의 음성을 듣고, 하나님이 기뻐하시는 일을 행할 때, 세상 가치관이나 악한 세력의 공격으로부터 교회를 지켜 내십니다. 이것이 바로 거룩한 백성에게 주시는 하나님의 축복입니다.

예배, 통회하는 심령으로

인디언들은 말을 타고 황야를 질주하다가 갑자기 멈추어 서곤 합니다. 자신의 영혼이 잘 따라오고 있는지 살피기 위해서라고 합니다. 정신없이 달리듯 사는 사람들이 곱씹어야 할 이야기가 아닌가 싶습니다.

정신없이 달리는 질주는 참 위험합니다. 목표에서 벗어난 길로 빨리 달릴수록 그만큼 목표에서 멀어지기 때문입니다. 인디언이 질주를 하다가 멈추어 서서 자신의 영혼이 따라오기를 기다리듯이, 질주하는 성도의 삶에도 영혼을 위한 멈춤이 필요합니다. 그 멈춤은 바로 예배입니다.

사실 그리스도인에게 예배는 단순한 멈춤 그 이상의 의미가 있습니다. 예배는 하나님이 인간을 창조하신 목적이자 인간의 존재 이유이기 때문입니다. 성경은 "이 백성은 내가 나를 위하여 지었나니 나를 찬송하게 하려 함이니라"(사 43:21)라고 말씀합니다. 구약에서부터 이 사실이 거듭 강조되고 있습니다.

출애굽의 목적도 예배입니다. 당시 하나님은 모세에게 나타나, "너는 그들의 장로들과 함께 애굽 왕에게 이르기를 히브리 사람의 하나님 여호와께서 우리에게 임하셨은즉 우리가 우리 하나님 여호와께 제사를 드리려 하오니 사흘 길쯤 광야로 가도록 허락하소서 하라"(출 3:18)고 말씀하셨습니다.

하나님은 애굽에서 종노릇하는 이스라엘 백성을 구출하셨습니다. 그런데 그것은 하나님의 1차적인 목적입니다. 궁극적인 목적은 이들이 하나님을 섬기고 하나님에게 예배하는 삶을 살도록 하기 위한 것이었습니다.

우리 역시 마찬가지입니다. 우리가 죄와 세상으로부터 구원받은 것이 신앙 여정의 출발점이라면, 하나님의 백성이 된 우리 삶의 궁극적인 목적지는 예배입니다. 구원이 우리를 위한 것이라면, 예배는 하나님을 위한 것입니다.

그러므로 구원받은 우리의 신분은 '예배자'입니다. 이 예배자라는 신분이 하나님 나라에서 얼마나 중요한지는 요한계시록에 나와 있습니다. 요한계시록 21장과 22장을 보면 모든 것이 바뀌고 사라진 새 하늘과 새 땅의 세상에서 유일하게 남는 것이 바로 찬양과 예배입니다. 이 세상에 속한 신분과 역할도 사라집니다. 선교도 필요 없고 봉사도 필요 없습니다. 믿음으로 하나님에게 나아온 성도와 어린 양 예수 그리고 하나님만 있는 세상에는 오직 한 가지, 감당할 수 없이 빛나는 하나님의 영광에 압도되어 드리는 경배와 찬양 그리고 예배만이 있을 뿐입니다.

그렇다면 하나님은 과연 어떤 예배를 기뻐하실까요? 예수님이 사마리아 땅에 가셨을 때 수가 성의 우물에서 물을 길러 나온 여인을 만나십니다. 유대인 랍비인 예수님이 그녀에게 물을 달라고 하자 여인은 이렇게 묻습니다. '유대인들은 시온 산의 예루살렘 성전에서 예배하고 우리 사마리아인들은 그리심 산에 세워진 성전에서 예배하는데, 어느 전통이 옳습니까'(요 4:20 참조)?

당시 이들에게 예배를 드리는 장소는 매우 중요했습니다. 예배를 드리는 장소가 곧 이들의 정체성을 말해 주는 핵심이었기 때문입니다. 사실 유대인은 사마리아인을 상종도 하지 않았습니다. 심지어 그 땅에 발을 들여놓지도 않았습니다. 그런데 이 랍비는 사마리아 땅에 들어왔을 뿐 아니라 사마리아 사람들조차 상종하기 꺼리는 여인에게 말을 걸어 왔습니다. 여인은 그 랍비에게 '진리'를 구하고 있는 것입니다. 예수님은 그 마음을 아시고 예배에 대해서 말씀해 주셨습니다.

"아버지께 참되게 예배하는 자들은 영과 진리로 예배할 때가 오나니 곧 이때라 아버지께서는 자기에게 이렇게 예배하는 자들을 찾으시느니라 하나님은 영이시니 예배하는 자가 영과 진리로 예배할지니라"(요 4:23-24).

예수님의 답에는 두 가지 중요한 사실이 포함되어 있습니다. 첫째, 하나님은 참된 예배자를 찾으실 만큼 예배를 간절히 원하신다는 것입니다. 하나님은 우리가 예배를 드릴 때 저 하늘에서 그 예배를 받기만 하는 분이 아니십니다. 우리가 있는 곳으로 내려오셔서 우리가 드리는 예배를 기뻐하며 받아 주십니다.

둘째, 참된 예배는 장소나 전통이 아닌, 예배자의 자세에 달려 있다는 것입니다. 예수님은 영과 진리로 예배를 드려야 한다고 말씀하셨습니다. 이런 예배를 드리고자 하는 이들이 꼭 묵상해야 할 말씀은 다윗이 쓴 시편 51편입니다. 다윗은 "주의 얼굴을 내 죄에서 돌이키시고 내 모든 죄악을 지워 주소서"(시 51:9)라고 고백했습니다.

당시 다윗의 상황은 아주 심각했습니다. 큰 고통으로 사경을 헤매고 있었습니다. 그 이유는 죄 때문이었습니다. 다윗은 자신에게 충직했던 신하 우리아가 자신을 대신해 전쟁을 하는 동안 그의 아내 밧세바와 통간했습니다. 그것도 모자라 자신의 죄를 덮기 위해 우리아를 죽였습니다.

다윗은 누구보다 하나님에게 신실했던 종입니다. 하나님의 이름을 모독하는 블레셋의 거인 장수 골리앗을 향해 물맷돌을 들고 돌진했던 17세의 소년이었고, 자신을 죽이려 했던 사울을 죽일 수 있는 기회가 두 번이나 있었는데도 하나님이 세우신 종이라는 이유로 살려 보낼 만큼 '하나님을 경외하는' 아름다운 사람이었습니다.

무엇보다 사울을 피해 10년 가까이 이웃 나라로 도망을 다녀야 하는 비참한 망명자의 신분이었음에도 그의 삶에는 언제나 찬양과 예배가 있었습니다. 그가 지은 아름다운 찬양 시는 도망 중에, 전쟁 중에, 고통 중에 탄생한 것입니다.

결국 '예배자' 다윗은 사울의 뒤를 이어 이스라엘의 왕이 되었습니다. 그는 온 천하가 다 아는 하나님의 사람이었습니다. 그랬던 그가, 어느 날 저녁 무심코 돌린 눈길 한 번에 허무하게 무너진 것입니다.

선지자 나단을 통해 하나님의 질책을 받은 다윗은 홀로 하나님 앞에 나아와 엎드렸습니다. 그리고 자복하고 회개하며 용서를 구했습니다. "나를 주 앞에서 쫓아내지 마시며 주의 성령을 내게서 거두지 마소서"(시 51:11). 아마도 이때의 예배가 그가 하나님에게 드린 가장 간절한 예배였을 것입니다.

다윗은 지금, 자신이 다시는 주 앞에 서지 못할까 봐 두려워하고 있습니다. 하나님의 영이 임재하시는 그 예배의 순간이 자신의 삶에서 영원히 사라질까 봐 떨고 있습니다.

"주께서는 제사를 기뻐하지 아니하시나니 그렇지 아니하면 내가 드렸을 것이라 주는 번제를 기뻐하지 아니하시나이다 하나님께서 구하시는 제사는 상한 심령이라 하나님이여 상하고 통회하는 마음을 주께서 멸시하지 아니하시리이다"(시 51:16-17).

이때의 기도를 자세히 살펴보면, 다윗의 기도는 '예배의 회복'에 집중되어 있습니다. 다윗은 인간이 하나님의 마음과 하나 될 수 있는 유일한 길이 '찬양과 예배'라는 것을 아는 사람이었습니다. 그는 자신이 지은 죄의 결과가 자신의 존재 목적, 즉 하나님을 찬양하고 예배하는 자의 자리에 더 이상 설 수 없게 한다는 사실을 알고 있었습니다. 그래서 그의 기도는 '용서'를 구하는 데 머물러 있지 않고, '예배자로의 회복'을 간구하는 기도로 간절히 나아가고 있는 것입니다.

이 기도를 들으신 하나님은 다윗의 마음의 중심을 보셨습니다. 진정으로 그가 하나님을 다시 예배하기 원한다는 사실을 아셨습니다. 그래서 그를 용서해 주셨습니다. 그렇게 다윗의 삶에 예배가 다시 회복되었습니다. 뿐만 아니라, 하나님은 영과 진리로 하나님을 예배하기 원하는 다윗에게 무한한 축복을 더하셨습니다. 그의 보좌를 영원히 지켜 주셨고, 예수님이 '다윗의 자손'으로 불리게 하사 그의 이름을 오늘날까지 영광스럽게 하셨습니다.

하나님이 자신의 전 존재와 영혼을 하나님에게 드리는 자, 즉 '영과 진리로 예배하는 자'를 얼마나 간절히 찾으시는지, 그 예배자 한 사람을 얼마나 귀히 여기시는지를 다윗의 삶을 통해 알 수 있습니다.

우리 역시 거짓과 이웃을 향한 근거 없는 참소와 미움과 질투와 탐욕과 허랑방탕한 욕구로 늘 죄의 늪에서 허우적거립니다. 하나님 앞에 나아가 영과 진리로 예배를 드리기엔 너무도 부끄러운 존재입니다. 그런데 아십니까? 사탄이 우리를 죄로 이끌어 가는 가장 큰 이유는, 바로 그런 죄책감으로 '예배자'의 자리에 설 수 없게 하려는 것입니다.

하지만 하나님이 우리에게 원하시는 것은 통회하는 심령, 곧 우리 자신이 끔찍한 죄인임을 알고 하나님 앞에 나아와 엎드리는 예배입니다. 우리는 연약합니다. 우리는 죄로부터 결코 자유로울 수 없습니다. 그러나 예수님이 우리 죄의 문제를 모두 담당하고 해결하신 사실을 믿는다면, '예수'의 옷을 입고 하나님 앞으로 나아와야 합니다. 그리고 진정으로 하나님의 용서와 예배의 회복을 간구해야 합니다. 그러면 하나님은 언제나 우리를 용서하십니다. 하나님은 우리가 가진 어떤 것이 아닌, 바로 우리 자신을 원하시기 때문입니다.

소명, 있으라 하신 그곳에 빚으신 모습 그대로

몇 년 전 〈역린〉이라는 영화를 참 감동적으로 보았습니다. 역린(逆鱗)이란 '용의 목에 거꾸로 난 비늘'이라는 의미로, 중국 춘추 시대 사람인 한비자의 책에 나오는 말입니다. 용이란 동물은 유순하기 때문에 길들이면 올라탈 수 있지만 그 목 밑에 있는 역린을 건드리면 용에게 죽임을 당할 수 있다는 뜻으로 '왕의 노여움'을 상징하기도 합니다.

영화는 조선의 개혁 군주 정조의 이야기를 소재로 하고 있습니다. 영조가 세상을 떠난 뒤 왕이 된 정조는 아버지 사도 세자의 뜻을 받들어 개혁을 주도합니다. 그러자 사도 세자를 죽인 노론이 정조마저 살해하려고 합니다. 정조의 역린을 건드린 것입니다.

하지만 정조는 그들에게 감정적인 복수를 하지 않습니다. 끈기와 인내와 희생을 감수하며 백성을 위한 개혁 정치를 펼쳐 나가는 것으로 거대한 집단 이기주의에 대항합니다. 그런 그의 마음에 품은 생각을 담은 대사가 영화 전편에 감동적으로 흐르는데, 중국 사서오경 중 하나인《중용》에 나오는 말입니다.

> "작은 일도 무시하지 않고 최선을 다해야 한다. 작은 일에도 최선을 다하면 정성스럽게 된다. 정성스럽게 되면 겉에 배어 나오고, 겉에 배어 나오면 겉으로 드러나고, 겉으로 드러나면 이내 밝아지고, 밝아지면 남을 감동시키고, 남을 감동시키면 이내 변하게 되고, 변하면 생육된다. 그러니 오직 세상에서 지극히 정성을 다하는 사람만이 자신과 세상을 변하게 할 수 있는 것이다."

왕이란 어떤 존재인가, 어떻게 하면 백성과 시대를 평안케 할 수 있는가를 진지하게 고민하며 뼈를 깎는 노력과 정진과 인내와 포용으로 개혁 군주의 길을 갔던 정조. 그는 우리나라 역사에 등장하는 그 어떤 왕보다도 왕이라는 소명에 충성한 사람이었습니다.

"무리가 나를 버리고 다른 신들에게 분향하며 자기 손으로 만든 것들에 절하였은즉 내가 나의 심판을 그들에게 선고하여 그들의 모든 죄악을 징계하리라 그러므로 너는 네 허리를 동이고 일어나 내가 네게 명령한 바를 다 그들에게 말하라 그들 때문에 두려워하지 말라 네가 그들 앞에서 두려움을 당하지 않게 하리라"(렘 1:16-17).

이 말씀은 하나님이 남 유다의 선지자 예레미야에게 하신 말씀입니다. 남 유다의 선지자였던 예레미야는 이사야가 세상을 떠난 뒤쯤인 여호야김 왕 때부터 바벨론 포로 시대까지 살았던 인물인데, 어느 날 여호와 하나님이 나타나셔서 '내가 하는 말을 이스라엘 백성에게 전하라'고 하시며 그를 선지자로 부르셨습니다. 그런데 하나님이 전하라고 주신 말씀은 차마 입에 담기도 두려운 심판의 말씀들이었습니다.

"이제 내가 이 모든 땅을 내 종 바벨론의 왕 느부갓네살의 손에 주고 또 들짐승들을 그에게 주어서 섬기게 하였나니 모든 나라가 그와 그의 아들과 손자를 그 땅의 기한이 이르기까지 섬기리라" (렘 27:6-7).

당시의 정서로 보면 누가 들어도 납득할 수 없는 말입니다. '너는 나의 백성이 되고 나는 너의 하나님이 되리라'고 스스로 약속하셨던 이스라엘의 하나님이 당신의 백성을 바벨론에 통째로 넘기기로 하셨다는 말을 도무지 믿을 수가 없었던 것입니다. 그 누구도 예레미야의 말에 귀를 기울이지 않았습니다. 예레미야는 두려운 하나님의 말씀을 전해야 하는 정신적 부담과 더불어, 멸망의 길을 향해 달려가면서도 하나님의 음성에 귀를 기울이지 않는 동족을 바라보아야 하는 이중의 고통을 겪어야 했습니다. 하지만 상황은 거기서 끝나지 않았습니다.

"여호와의 말씀에 … 유다 왕 시드기야는 갈대아인의 손에서 벗어나지 못하고 반드시 바벨론 왕의 손에 넘겨진바 되리니 입이

입을 대하여 말하고 눈이 서로 볼 것이며 그가 시드기야를 바벨론으로 끌어가리니"(렘 32:3-5a).

이 말이 화근이 되어 바벨론과 내통한다는 의심을 받은 예레미야는 궁중 감옥에 투옥됩니다. 하지만 그는 감옥 안에서도 계속해서 하나님의 음성을 전했습니다.

"만군의 여호와 이스라엘의 하나님께서 이와 같이 말씀하시기를 너는 이 증서 곧 봉인하고 봉인하지 않은 매매 증서를 가지고 토기에 담아 오랫동안 보존하게 하라 만군의 여호와 이스라엘의 하나님께서 이와 같이 말씀하시니라 사람이 이 땅에서 집과 밭과 포도원을 다시 사게 되리라 하셨다 하니라"(렘 32:14-15).

그는 이 말씀을 전했을 뿐 아니라 아나돗에 있는 친척을 감옥까지 불러들여 땅을 사들입니다. 하나님의 말씀을 신뢰하고 순종하라는 뜻이었습니다. 하지만 이스라엘 민족은 끝까지 그의 외침을 외면했습니다. 급기야 이스라엘이 의지했던 애굽이 바벨론에게 멸망당한 후, 시드기야 왕은 항복하라는 하나님의 음성을 외면한 채 18개월이나 저항했지만 결국 예레미야의 예언대로 두 눈이 뽑힌 채 바벨론으로 끌려갔습니다. 전 생애를 바쳐 하나님의 음성을 전하고도 이 참담한 상황을 지켜봐야 했던 예레미야의 삶은 견디기 어려운 고통의 세월이었습니다.

그러나 그는 도망가지 않았습니다. 그는 포로로 끌려간 이스라엘 민족에게 '70년 뒤, 다시 이스라엘을 회복시키겠다'고 하신 하나님의 약속을 끊임없이 전했고, 그 약속은 혹독한 포로 생활을 견뎌야 했던 이스라엘 백성에게 희망이 되었습니다. 뿐만 아니라, 17세의 어린 나이로 바벨론에 끌려간 다니엘을 통해 '약속을 성취하는 역사'로 나타났습니다. '눈물의 선지자'라고 불릴 만큼 힘겨운 삶 속에서도 예레미야는 '외치는 자의 소리'로 부름 받은 그 자리에서 호흡이 다하는 그날까지 충성을 다했습니다.

테너 배재철은 아시아에서 100년에 한 번 날까 말까 한 위대한 성악가로 평가받으며 유럽과 일본에서 최고의 무대에 서곤 했습니다. 그런데 독일에서 솔리스트로 왕성하게 활동하던 2005년 가을, 그는 갑상선암 말기 판정을 받게 되었습니다. 다행히 생명에는 지장이 없다고 해서 안심하고 수술을 받았습니다. 그런데 암세포를 떼어 내는 과정에서 불가피하게 오른쪽 성대 신경의 일부가 떨어져 나가고 말았습니다. 불과 3센티미터의 신경을 잃었지만 성악가인 그로서는 모든 것을 잃은 것이나 마찬가지였습니다.

그는 어릴 때부터 열심히 신앙생활을 했습니다. 청소년 시절에는 한 집회에서 선교에 동참하겠다고 결단하기도 했습니다. 하지만 세계 정상급 성악가로 활동하는 동안 신앙이 식어 가기 시작했고, 겨우 주일 예배를 출석하는 데 머물렀습니다. 그는 수술 후 이렇게 고백했습니다. "하나님이 정확한 타이밍에 브레이크를 거신 겁니다. 제 신앙이 다 좀먹어 없어지기 전에 회개하게 하셨습니다."

그는 처절하게 회개하며 '다시 노래할 수 있는 목소리를 주신다면 가장 먼저 하나님을 찬양하겠다'고 기도했습니다. 그런데 하나님이 그의 기도에 응답하셨습니다. 오랫동안 그의 일본 공연을 도맡아 온 일본인 매니저 와지마 도타로 씨의 주선으로 2006년 4월 일본에서 성대 복원 수술을 받게 되었습니다. 수술은 국소마취를 한 뒤에 마치 피아노 줄을 조율하듯 환자에게 계속 발성을 하게 하면서 끊어진 성대 신경을 이어 가는 방식이었습니다. 그렇게 4시간의 어려운 수술을 마친 후, 의사가 그에게 노래를 불러 보라고 했습니다. 두려움 속에 무슨 노래를 할까 잠시 고민하던 그는 다시 목소리를 주시면 하나님을 가장 먼저 찬양하겠다는 기도를 떠올리고 찬송을 부르기 시작했습니다.

주 하나님 지으신 모든 세계 내 마음속에 그리어 볼 때
하늘의 별 울려 퍼지는 뇌성 주님의 권능 우주에 찼네
주님의 높고 위대하심을 내 영혼이 찬양하네
주님의 높고 위대하심을 내 영혼이 찬양하네

_ 새찬송가 79장, 〈주 하나님 지으신 모든 세계〉

그의 성대 복원 과정은 NHK를 통해 일본 전역에 방송되었고, 후에 KBS를 통해 한국에도 알려졌습니다. 많은 이들이 와지마 도타로 씨에게 전화를 걸어 감동의 사연을 전해 주었습니다. 어떤 이는 자신이 그리스도인이라는 사실을 숨겨 왔는데 이젠 떳떳하게 밝히겠다고 고백하기도 하고, 어떤 이들은 하나님에 대해서 알고 싶다고 말하기도 했습니다. 테너 배재철은 고백했습니다.

"제가 사람들에게 하나님을 알리려고 한 것은 아니었습니다. 그런데 하나님은 저를 도구로 사용해서 놀라운 일을 하셨습니다. 목자가 양을 인도하듯이, 하나님이 당신의 계획에 따라 저를 이끌어 주셨습니다."

성대 복원 수술 후, 그는 자신이 출석하던 독일의 교회에서 다시 무대에 서게 되었습니다. 아직 채 회복이 되지 않은 그의 목소리는 낮은음을 내기도 쉽지 않았지만, 그는 혼신을 다해 수술대 위에서 불렀던 그 찬양을 드렸습니다. 그가 목이 메어 소리를 내지 못하자 청중들이 함께 찬양을 부르기 시작했습니다. 그는 그렇게 '하나님을 찬양하는 목소리'로 다시 태어났습니다. 또한 그는 희망을 잃고 살아가는 많은 이들에게 용기와 희망을 전하고 있습니다.

언젠가 그의 공연에서 그의 평생의 친구이자 동역자인 매니저 와지마 도타로 씨가 한 이야기가 생각납니다.

"과거 배재철 씨는 유명한 오페라 가수였습니다. 지금은 훌륭한 예술가입니다. 하늘과 땅이 만나는 예술가입니다. 오늘도 우리에게 하늘의 감동이 내려오지 않습니까? 수술을 받고 나서 성대 한 쪽은 연골에 고정되어 있습니다. 한쪽만 움직이면서 노래를 부르고 있습니다. 하나가 꼼짝 못해도 움직이는 다른 하나가 함께하니까 소리가 납니다. 우리 일생도 움직이는 나머지 하나가 되어 꼼짝 못하는 다른 하나를 도와 아름다운 소리를 내는 희망이 되어 주면 좋겠습니다."

더 이상 그는 이전처럼 청중을 압도하는 힘찬 고음은 낼 수 없습니다. 하지만 그에게선 최고의 성악가로 칭송받을 때에도 내지 못했던 깊은 영감의 소리가 흘러나옵니다. 그는 최고의 무대를 누빌 때만큼이나 많은 공연을 소화하며 고난 받는 많은 사람들을 격려하고 위로하는 가운데 그들에게 하나님의 살아 계심을 전하고 있습니다. 약해졌지만 하나님이 주신 소명 안에서 더욱 강해진 테너 배재철은, 주님이 주신 모습으로 주님이 주신 자리에서 최선을 다해 하나님을 증거하고 영혼을 돌아오게 하는 아름다운 전도자의 삶을 살고 있습니다.

인내, 고난이 유익이라는 진리를 깨닫는 길

100주년기념교회의 담임 목사였던 이재철 목사님은 저의 어린 시절, 옆집 형이었습니다. 저의 형의 죽마고우(竹馬故友)이자 중학교 동창이기도 합니다. 목사님 가족이 서울로 이사를 가면서 왕래가 끊어졌다가 1985년에 신학대학원에서 다시 만나게 되었습니다.

몇 년 전, 전립선 말기 암 수술을 받고 병원에 계신 목사님을 찾아뵀습니다. 수술 후라 무척 수척한 모습이었는데, 그때 목사님이 하신 말씀이 너무도 가슴에 와 닿았습니다.

"수술은 잘 끝났고, 오늘부터 35차례 방사선 치료를 받게 됩니다. 만일 조기에 발견했다면 지금과 같은 은혜를 경험하지 못했을 겁니다. 얼마나 감사한지 모릅니다."

말기 암이 감사 제목이라니! 하나님의 사람은 어떤 상황에서도 감사의 이유를 찾아낸다는 사실을 다시 한 번 깨달을 수 있었습니다. 그 후 다시 교회로 돌아온 목사님은 설교를 통해 자신이 병상에서 겪은 은혜를 뜨겁게 쏟아 내셨습니다.

> "건강했을 때는 상상할 수도 없던 하나님 은혜를 병상에 누워 매일 절감하게 되었습니다. 어리석은 인간은 자기 코끝에서 호흡이 끝나는 그날이 되어서야 가슴을 치며 자신의 삶을 후회합니다. 그러나 아무리 가슴을 치며 후회한다 한들 그에게는 더 이상 생의 기회가 없습니다. 우리 각자의 그날은 지금 이 시간에도 시시각각 다가오고 있습니다. 지금부터 그날을 대비하며 날마다 '예수님만이 그리스도'라고 증언하는 사명자로 살아갑시다."

성경에 나오는 많은 인물들이 고난 중에 인내하고 인내를 통해 더욱 하나님에게 가까이 가는 축복을 받았습니다. 그중에 대표적인 인물이 바로 아브라함과 동시대를 살았던 욥입니다.

"우스 땅에 욥이라 불리는 사람이 있었는데 그 사람은 온전하고 정직하여 하나님을 경외하며 악에서 떠난 자더라 그에게 아들 일곱과 딸 셋이 태어나니라 그의 소유물은 양이 칠천 마리요 낙타가 삼천 마리요 소가 오백 겨리요 암나귀가 오백 마리이며 종도 많이 있었으니 이 사람은 동방 사람 중에 가장 훌륭한 자라"(욥 1:1-3).

욥은 당시 하나님을 경외하고 악에서 떠난 동방의 의인으로 알려져 있습니다. 종교적으로나 도덕적으로 흠결이 없는 인물이었습니다. 뿐만 아니라 다복한 가정에 재산도 풍족하고, 따르는 사람도 많았습니다. 인간적인 눈으로 볼 때, 욥은 모든 면에서 부족함이 없는 품격 있는 인생을 살고 있었습니다.

욥기는 욥과 같은 유력한 인물이 어떻게 한순간에 고난 속에 던져지는가를 보여 주는 책입니다. 그는 영문도 모른 채 모든 재산과 자녀들을 한꺼번에 잃었습니다. 하지만 도무지 이해할 수 없는 고통을 당한 중에도 "겉옷을 찢고 머리털을 밀고 땅에 엎드려 예배하며"(욥 1:20) 우리로서는 믿기 힘든 고백을 드립니다.

"내가 모태에서 알몸으로 나왔사온즉 또한 알몸이 그리로 돌아가올지라 주신 이도 여호와시요 거두신 이도 여호와시오니 여호와의 이름이 찬송을 받으실지니이다 하고 이 모든 일에 욥이 범죄하지 아니하고 하나님을 향하여 원망하지 아니하니라"(욥 1:21-22).

그러나 욥의 고난은 계속됩니다. 온몸에 극심한 종기가 생겨서 사람들이 피할 정도로 모습이 흉측해졌습니다. 뒤이어 셀 수 없이 많았던 재물이 모두 날아갔습니다. 견디다 못한 아내는 "당신이 그래도 자기의 온전함을 굳게 지키느냐 하나님을 욕하고 죽으라"(욥 2:9) 하며 욥을 저주했습니다. 하지만 아내의 저주에도 불구하고 욥은 입술로 범죄하지 않았습니다. 욥을 위로하기 위해 죽마고우 세 사람이 찾아오지만 그들을 통해서도 욥은 위로받지 못합니다. 인생의 반려인 아내에게서도, 삶을 같이해 온 친구들에게서도 위로를 받지 못한 욥이었지만, 그를 가장 고통스럽게 한 것은 하나님이 보이지 않는다는 사실이었습니다.

"그런데 내가 앞으로 가도 그가 아니 계시고 뒤로 가도 보이지 아니하며 그가 왼쪽에서 일하시나 내가 만날 수 없고 그가 오른쪽으로 돌이키시나 뵈올 수 없구나"(욥 23:8-9).

친구들은 하나님의 침묵의 원인이 욥에게 있다고 질타하며 그에게서 인간적인 흠을 찾아내려 하지만, 욥은 인간적으로 하나님 앞에 죄를 범한 적이 없다고 항변합니다. 그러자 하나님이 나타나셔서 욥에게 질문을 던지기 시작하십니다. 성경에서는 욥기 38장부터 41장까지 100개가 넘는 질문을 던지셨지만, 욥은 그중에 단 하나도 대답할 수 없었습니다. 그것은 오직 전지전능하신 우주와 세상의 창조주 하나님만이 하실 수 있는 질문일 뿐, 인간이 답할 수 있는 수준의 질문이 아니었기 때문입니다. 그 질문이 끝난 뒤 욥은 비로소 '주님은 무슨 일이든 뜻대로 할 수 있는 세상의 주인'이심을 깨닫고 엎드립니다. 그리고 위대한 신앙 고백을 합니다.

"내가 주께 대하여 귀로 듣기만 하였사오나 이제는 눈으로 주를 뵈옵나이다 그러므로 내가 스스로 거두어들이고 티끌과 재 가운데에서 회개하나이다"(욥 42:5-6).

이유도 끝도 몰랐던 고난 중에서도 욥은 마침내 하나님을 만났습니다. 하나님이 욥을 만나 주신 것은 욥이 의인이기 때문이 아니라, 그가 끝까지 하나님을 구하고, 하나님에게 자기 고통의 답을 구했기 때문입니다. 그것이 징계든 시험이든, 자신의 인생이 하나님 손에 달려 있다는 것을 믿었기 때문입니다. 그 믿음이 있었기에 인내할 수 있었고, 그 인내의 선물로 '하나님과 대면'하게 되었습니다.

중국 동부에 '모소'라고 불리는 대나무가 있습니다. 이 대나무는 4년 동안은 전혀 자라지를 않습니다. 4년째에 겨우 25센티미터의 죽순만 나올 따름입니다. 그런데 5년째에 들어서면서부터는 무서운 속도로 자랍니다. 단 6주 만에 무려 15-20미터가 자라는 것입니다. 4년 동안 모소 대나무가 아무것도 하지 않은 것이 아닙니다. 부지런히 땅 밑으로 뿌리를 내리고 있었던 것입니다. 다만 사람들 눈에는 보이지 않았을 뿐입니다. 하나님이 보이지 않는다고, 납득할 만한 이유가 보이지 않는다고, 그리고 그 끝이 보이지 않는다고 낙심하거나 포기하지 마십시오. 하나님은 모소 대나무처럼 당신의 깊은 곳에서 작업하고 계십니다.

도무지 이해할 수 없는 고통을 겪고 있다 해도, 그 고통의 끝이 어디인지 알 수 없다 해도 괜찮습니다. 성도인 우리가 당하는 고통은 결코 불행이 아닙니다. 고난을 당한다고 해서 하나님에게 버림받은 것도 아닙니다. 고난은 우리를 잘 아시는, 우리의 주인 되시는 하나님이 우리를 단련하시는 도구일 뿐입니다.

그러므로 때가 이르면 모소 대나무처럼 믿음의 뿌리가 싹을 틔우고 쑥쑥 자라 아름다운 열매를 맺게 될 것입니다. 순금 같은 단단한 믿음으로 우뚝 서게 될 것입니다. 무엇보다 말로만 듣던 하나님을 만나게 될 것입니다. 그러니 선하신 하나님을 신뢰하며 조금만 더 견디면 됩니다. 고난이 내게 유익이라고 고백할 수 있는 시간이 다가오고 있습니다.

찬양, 세상의 모든 결박을 끊어 내는 천국의 열쇠

성경에는 많은 노래가 기록되어 있습니다. 150편에 달하는 시편이 그것입니다. 시편은 어느 한 시기에 한 사람에 의해서 기록된 것이 아닙니다. 모세 시대로부터 바벨론 포로 시대 후기까지 대략 1천 년에 걸쳐 다양한 사람들이 기록해 놓은 시가서입니다. 시편은 주제나 내용에 따라 여러 가지 유형으로 분류됩니다. 찬양 시, 제왕 시, 지혜 시, 감사 시 그리고 탄식 시, 저주 시 등이 그 대표적인 유형입니다.

그런데 이상합니다. 전체 시편에서 제일 많이 차지하는 유형은 탄식 시로서, 150편 중에서 무려 67편이나 됩니다. 기뻐서 하나님을 찾는 것보다 말할 수 없는 고통으로 괴로워하며 하나님에게 울부짖는 노래가 더 많다는 뜻입니다. 개인적인 고통 때문에 하나님에게 드리는 간구의 탄식도 있고, 이스라엘 공동체 전체가 곤경에 처해 있을 때 여호와 하나님에게 드리는 탄원도 있습니다. 탄식시는 대체로 하나님에게 말을 걸거나 하나님의 이름을 부르는 것으로 시작합니다.

"하나님이여 사슴이 시냇물을 찾기에 갈급함같이 내 영혼이 주를 찾기에 갈급하니이다 내 영혼이 하나님 곧 살아 계시는 하나님을 갈망하나니 내가 어느 때에 나아가서 하나님의 얼굴을 뵈올까 사람들이 종일 내게 하는 말이 네 하나님이 어디 있느뇨 하오니 내 눈물이 주야로 내 음식이 되었도다 내가 전에 성일을 지키는 무리와 동행하여 기쁨과 감사의 소리를 내며 그들을 하나님의 집으로 인도하였더니 이제 이 일을 기억하고 내 마음이 상하는도다 내 영혼아 네가 어찌하여 낙심하며 어찌하여 내 속에서 불안해하는가 너는 하나님께 소망을 두라 그가 나타나 도우심으로 말미암아 내가 여전히 찬송하리로다"(시 42:1-5).

시인이 어떤 고통을 당하고 있는지는 몰라도 사람들이 조롱하고 있습니다. '네가 당한 일을 보아라. 너의 처지를 보아라. 네가 믿는 하나님, 전능한 구원의 하나님, 사랑의 하나님은 대체 지금 어디에 있는 것이냐' 하고 비웃고 있습니다.

가끔 시편 42편의 시인처럼 하나님과의 단절로 고통을 겪는 사람들을 만납니다. 자녀가 외박과 가출을 밥 먹듯이 할 때, 하루아침에 삶의 터전을 잃고 쫓겨났을 때, 같은 성도로부터 부당한 손해를 당했을 때, 갓 태어난 아이가 큰 수술을 받아야 할 때, 사랑하는 가족을 사고로 갑자기 잃게 되었을 때, 우리는 절망할 수밖에 없습니다. 그런데 그런 상황에서도 시편의 기자는 하나님을 향해 고개를 들었습니다.

"내가 산을 향하여 눈을 들리라 나의 도움이 어디서 올까 나의 도움은 천지를 지으신 여호와에게서로다 여호와께서 너를 실족하지 아니하게 하시며 너를 지키시는 이가 졸지 아니하시리로다 이스라엘을 지키시는 이는 졸지도 아니하시고 주무시지도 아니하시리로다 여호와는 너를 지키시는 이시라 여호와께서 네 오른쪽에서 네 그늘이 되시나니 낮의 해가 너를 상하게 하지 아니하며 밤의 달도 너를 해치지 아니하리로다 여호와께서 너를 지켜 모든 환난을 면하게 하시며 또 네 영혼을 지키시리로다 여호와께서 너의 출입을 지금부터 영원까지 지키시리로다"(시 121편).

졸지도, 주무시지도 않는 하나님이 지키시어 모든 환난을 면하게 해 주신다니 든든하지 않을 수 없습니다. 하지만 우리가 시편 42편과 같은 고통을 당하고 있어도 시편 121편과 같은 찬양을 할 수 있을까요?

빌립보에 갔던 바울이 뜻하지 않은 사건으로 억울하게 감옥에 갇혔습니다. 귀신 들린 여자 노예를 불쌍히 여겨 귀신을 쫓아내 주었는데, 그동안 그녀에게 점을 치게 해서 돈을 벌고 있던 지역의 유력자들이 바울에게 앙심을 품고 모함을 한 것입니다. 결국 바울과 실라는 모진 매를 맞고 투옥됩니다. 한순간에 시편 42편의 시인과 같은 고통을 만난 것입니다.

하지만 바울과 실라는 실망하지 않고 옥중에서 찬양을 하기 시작했습니다. 그러자 갑자기 지진이 난 듯 땅이 흔들리더니 감옥 문이 열렸습니다. 놀란 간수가 자신이 지키고 있던 죄인들과 바울과 실라가 모두 도망간 줄 알고 처벌을 두려워해 자살을 시도합니다. 마침 바울이 그를 발견해서 만류한 뒤 그에게 복음을 전해 간수의 온 가족을 주님에게로 회심시킵니다. 하지만 하나님이 일을 시작하실 때까지 바울과 실라는 아무것도 알지 못했습니다.

우리도 마찬가지입니다. 미래에 일어날 일에 대해 우리는 아무것도 장담할 수 없습니다. 믿음이 좋은 사람이라고 해서 고난을 피할 수 있거나 면제받지는 않습니다. 아픔과 상처, 신음과 탄식은 우리의 믿음과 상관없이 찾아옵니다. 그런 우리에게 한 가지 분명한 것은, 어떤 상황에서도 하나님이 우리를 지켜 주신다는 사실입니다. 그 사실을 믿는다면 재앙을 만나도, 억울한 일을 당해도, 전혀 예측하지 못한 일 앞에서도 바울과 실라처럼 주님을 찬양할 수 있을 것입니다.

"한밤중에 바울과 실라가 기도하고 하나님을 찬송하매 죄수들이 듣더라"(행 16:25).

기적은 바울과 실라의 찬양으로 시작되었습니다. 왜 이런 고통을 당해야 하는지 이해할 수 없었지만, 두 사람은 여느 사람들처럼 해답을 찾으려 하지 않았습니다. 사실 하나님과 동행하는 삶에는 이해할 수 있는 일보다 이해할 수 없는 일들이 더 많기 때문입니다. 그저 하나님을 신뢰하며 기도하고, 찬양하며 그 힘든 시간을 견디고자 했을 뿐입니다. 시편 42편의 시인처럼, 고통 중에도 목마른 사슴이 시냇물을 찾듯이 찬양하며 하나님을 간절히 찾았습니다.

중요한 것은 목격자들이 있었다는 것입니다. 죄수들은 억울함을 당한 중에도 하나님을 찬양하는 그들을 보았고, 그들이 부르는 찬양에 귀를 기울이고 있었습니다. 언제 죽음이 닥칠지 모르는 지하 감옥 안에서 마음을 다해 하나님을 찬양하는 그들을 죄수들은 어떤 눈으로 바라보았을까요? 또한 이 모든 광경을 지켜보고 있던 간수는 어떤 기분이었을까요?

지진이 나고 옥문이 열린 것은 바로 그때였습니다. 지옥과도 같은 어둠의 영역에 하나님이 임재하신 순간, 모든 속박과 결박이 끊어졌습니다. 묵직한 쇠문이 단번에 열렸습니다. 간수는 난생처음 경험하는 불가항력적(不可抗力的)인 상황 앞에서 넋이 나갔을 것입니다. 그래서 눈앞에 있는 바울과 실라를 보지 못하고 목숨을 끊으려 했던 것입니다. 다른 죄수들은 어땠을까요? 자결하려던 간수를 살려 함께 유유히 감옥을 나가는 바울과 실라의 모습에서 죄수들은 무엇을 느꼈을까요?

고통 중에 드리는 마음과 정성을 다한 찬양이 압제와 속박과 멍에의 깊은 어둠 속으로 하나님 나라를 임하게 합니다. 나의 고통뿐 아니라 어둠에 속박당한 다른 영혼들에게도 하나님의 빛을 경험하게 합니다. 고통 중에도 하나님을 바라보며 하나님의 크신 능력과 은혜를 찬양하는 이가 하나님과 동행하는 참된 하나님의 사람입니다.

사람들이 벤자민 프랭클린(Benjamin Franklin)에게 물었습니다.

"당신은 수많은 장애를 가졌음에도 불구하고 어떻게 포기하지 않고 한 가지 일에만 전념할 수 있었습니까?"

그러자 그는 좋은 일을 하면서도 절망에 빠진 사람들이 가슴속에 새겨야만 할 말을 남겼습니다.

"석공을 자세히 관찰해 본 적이 있으십니까? 석공은 아마 똑같은 자리를 백 번 정도 두드릴 것입니다. 갈라질 징조가 보이지 않더라도 말입니다. 하지만 백한 번째 망치로 내리치면 돌은 갑자기 두 조각으로 갈라지고 맙니다. 이처럼 돌을 두 조각으로 낼 수 있었던 것은 한 번의 두드림 때문이 아니라, 바로 그 마지막 한 번이 있기 전까지 내리쳤던 백 번의 망치질이 있었기 때문입니다."

3

예수님의 동행, 십자가

"하나님이 세상을 이처럼 사랑하사 독생자를 주셨으니"(요 3:16).

마침내, 인간으로 오시다

구약의 마지막 풍경은 참으로 쓸쓸했습니다. 하나님이 이스라엘 백성을 택하신 이래 수천 년 동안 줄곧 인자하심과 오래 참으심으로 함께해 주셨지만, 이스라엘 백성은 끊임없이 죄의 길로 달려갔습니다. 선지자들을 보내 돌아오라고 호소했지만 소용이 없었습니다. 그러다 결국 스스로의 힘으로는 결코 심판을 피하기 어려운 지경에 이르고야 말았습니다. 이러한 이스라엘 백성을 안타깝게 지켜보시던 하나님은 말라기 선지자를 통해 마지막 메시지를 전하셨습니다.

"보라 여호와의 크고 두려운 날이 이르기 전에 내가 선지자 엘리야를 너희에게 보내리니 그가 아버지의 마음을 자녀에게로 돌이키게 하고 자녀들의 마음을 그들의 아버지에게로 돌이키게 하리라"(말 4:5-6a).

메시아에 관한 강력한 마지막 메시지. 그러나 이 말씀을 끝으로 길고 긴 하나님의 침묵이 시작됐습니다. 하나님과의 소통이 단절된 이스라엘 민족에게는 감당하기 어려운 암흑기가 시작됐습니다. 주변의 강대국에게 수없는 약탈과 억압을 받다가 급기야 로마의 속국으로 전락했습니다. 하나님의 도우심이 없이는 그 무엇도 할 수 없는 암담한 상황 속에서 400년이란 세월이 흘렀습니다. 이스라엘 백성의 기억 속에서 하나님의 이름도, 메시아를 향한 소망도 점점 희미해져 가고 있었습니다.

그즈음, 베들레헴에서 태어난 다윗의 후손 요셉은 고향을 떠나 갈릴리 호수가 내려다보이는 나사렛까지 흘러들어와 살고 있었습니다. 비록 텍톤(히브리어로 '벽돌 쌓는 노동'이라는 뜻)을 하며 살고 있었지만, 성경에 '의인'으로 기록될 만큼 깊은 신앙과 고귀한 성품의 소유자였습니다. 그의 약혼녀이자 나사렛의 유력한 장로 헬리의 딸인 마리아 역시 믿음이 깊고 총명한 여인이었습니다.

그런데 결혼을 앞둔 두 사람에게 상상도 하지 못할 일이 벌어집니다. 마리아가 성령으로 처녀 임신을 했는데, 배 속의 아이가 바로 이스라엘 민족이 오랫동안 기다려 온 메시아라는 사실을 알게 된 것입니다.

"아들을 낳으리니 이름을 예수라 하라 이는 그가 자기 백성을 그들의 죄에서 구원할 자이심이라 하니라"(마 1:21).

꿈속에서 가브리엘 천사로부터 계시를 받은 요셉은 예정대로 마리아를 아내로 맞아 데려옵니다. 하지만 요셉은 앞이 캄캄했을 것입니다. 메시아가 다윗의 자손으로 오실 것이라는 사실을 들은 적은 있었겠지만, 타향에서 거친 노동을 하는 자신의 후손으로 올 것이라고는 상상도 하지 못했을 테니 말입니다. 그러나 그의 삶은 점점 자신의 의지와는 상관없이 메시아의 탄생과 관련된 예언 속으로 끌려가기 시작했습니다. 마리아의 배가 점점 불러 오던 어느 날, 로마 총독이 호적을 등록하라는 칙령을 내립니다. 이에 따라 요셉은 자신과 곧 태어날 아기의 호적 등록을 위해 만삭인 마리아와 함께 고향 베들레헴에 가야 하는 상황이 벌어집니다.

"베들레헴 에브라다야 너는 유다 족속 중에 작을지라도 이스라엘을 다스릴 자가 네게서 내게로 나올 것이라"(미 5:2).

당시 교통 상황을 감안해 볼 때, 그 여정은 족히 열흘은 넘게 걸렸을 것입니다. 그렇게 겨우 만삭인 마리아와 함께 베들레헴에 도착했는데, 평소에도 예루살렘을 오가는 순례자들로 인해 북적거리던 베들레헴에는 호적 등록을 하러 온 유대인들까지 몰려서 잘 곳을 찾기가 어려웠습니다. 설상가상(雪上加霜)으로 마리아가 산통을 시작했습니다. 요셉은 머리가 하얘졌을 것입니다.

그즈음, 또 한 무리의 사람들에게 메시아 탄생의 기쁜 소식이 전해집니다. 바로 들에서 양을 치던 베들레헴의 목자들이었습니다.

예루살렘에서 남쪽으로 약 10킬로미터 거리에 위치한 베들레헴은 이스라엘 민족과 특별한 인연을 가진 도시입니다. 야곱의 아내 라헬이 묻힌 곳이자, 하란에서 돌아온 야곱이 이스라엘이라는 이름을 얻은 곳이기도 합니다. 무엇보다, 다윗이 자라고 기름부음을 받은 '다윗의 동네'로 알려진 곳입니다.

성경에 처음 등장할 때 이곳은 에브랏(혹은 에브라다, '풍성한 열매'라는 뜻)으로 불리다가 이스라엘 민족의 가나안 정복이 이루어진 뒤 '빵집'이라는 뜻을 가진 베들레헴으로 불리기 시작했습니다. 성전을 오가는 이들이 거쳐 가는 길목이었던 이곳에는 예로부터 빵을 굽는 집이 많았다고 합니다.

하지만 당시 순례자들에게 빵보다 더 중요한 게 있었는데, 그것은 다름 아닌 '흠 없는 양'이었습니다. 당시 율법상 죄를 지은 사람은 '흠 없는 양'에게 죄를 전가한 뒤 그 양을 죽임으로써 속죄제를 드려 죄를 미워하시는 하나님에게 용서를 구하며 회개하는 전통이 있었습니다. 이에 성전으로 올라가는 순례자들은 '흠 없는 양'이 필요했는데, 베들레헴이 바로 그 '흠 없는 양'을 키우는 곳이었습니다.

이처럼 베들레헴에는 전국 각지에서 데려온 어미 양들이 많았고, 목자들은 늑대와 곰, 사자들로부터 새끼를 밴 어미 양을 지키기 위해 높은 망대를 세웠습니다. 그렇게 애지중지(愛之重之) 지켜 낸 어미 양이 새끼를 낳으면 흠이 생기지 않도록 하기 위해, 어린 새끼를 마치 갓난아기처럼 강보에 싸서 구유에 누이곤 했습니다. 뿐만 아니라, 성전에 제물로 드려질 흠 없는 어린 양을 지키기 위해 목자들은 낮에는 물론이고 한밤중에도 양 떼 곁을 떠나지 않았습니다.

그런데 그날 밤, 들에서 양을 지키던 목자들에게 놀라운 일이 일어났습니다. 갑자기 한 무리의 천사들이 나타나 놀라운 소식을 전해 준 것입니다.

"보라 내가 온 백성에게 미칠 큰 기쁨의 좋은 소식을 너희에게 전하노라 오늘 다윗의 동네에 너희를 위하여 구주가 나셨으니 곧 그리스도 주시니라 너희가 가서 강보에 싸여 구유에 뉘어 있는 아기를 보리니 이것이 너희에게 표적이니라"(눅 2:10-12).

천사를 본 것도 놀라운 일이지만, 정작 목자들을 놀라게 한 건 메시아에 관한 소식이었습니다. 그것도 위대한 선지자 이사야의 예언대로 아기의 모습으로 오셨다는 것이었습니다.

"이는 한 아기가 우리에게 났고 한 아들을 우리에게 주신 바 되었는데 그의 어깨에는 정사를 메었고 그의 이름은 기묘자라, 모사라, 전능하신 하나님이라, 영존하시는 아버지라, 평강의 왕이라 할 것임이라 그 정사와 평강의 더함이 무궁하며 또 다윗의 왕좌와 그의 나라에 군림하여 그 나라를 굳게 세우고 지금 이후로 영원히 정의와 공의로 그것을 보존하실 것이라 만군의 여호와의 열심이 이를 이루시리라"(사 9:6-7).

목자들은 무척 당황했을 것입니다. 사실 사회적으로 천대를 받던 목자들이 감당하기에는 너무도 놀라운 소식이었습니다. 제사장이나 랍비에게 이 소식을 전하고 양 떼 곁을 지키는 게 더 실리적이라 여길 수도 있었습니다.

그때 "홀연히 수많은 천군이 그 천사들과 함께 하나님을 찬송하여 이르되 지극히 높은 곳에서는 하나님께 영광이요 땅에서는 하나님이 기뻐하신 사람들 중에 평화로다"(눅 2:13-14) 하며 외쳤습니다.

여기에 나오는 평화는 세상에서 흔히 말하는 전쟁이 없는 상태가 아닙니다. 고난이나 가난 또는 질병이 없는 상태 또한 아닙니다. 기독교에서 말하는 평화, 평강이란, 예수님이 우리의 구세주 되심을 아는 상태를 말합니다. 폭풍우가 몰아쳐도, 죽음이 시시각각 다가와도, 어떤 심각한 죄 중에 빠져 있다 하더라도 예수님이 함께 하신다는 사실, 예수님이 나를 구원하신다는 사실을 믿는 상태를 평화라고 합니다.

세상은 결코 줄 수 없는 하나님이 주신 이 평화가 이날 밤, 양을 지키던 목자들에게 임했습니다. 성경은 그들이 '빨리 갔다'고 기록합니다. 자신의 전부나 다름없는 양 떼를 버려두고 '하나님이 이루신 일을 보러 가기'로 결정한 것입니다. 하나님의 부르심과 택하심 앞에서 그들은 주저하지 않았습니다. 메시아를 만나는 것이 다른 그 무엇보다도 중요하다고 여기는 하나님의 평화가 그들에게 임했기 때문입니다.

그들이 아기 예수를 찾는 일은 그리 어렵지 않았습니다. 베들레헴 안에서 강보와 구유가 있는 곳을 훤히 꿰고 있었던 그들은 마침내 그날 밤 마을의 한 마구간에서 요셉과 마리아 그리고 막 세상에 태어난 아기 예수를 발견합니다. 요셉과 마리아에게 천사로부터 들은 이야기를 전해 준 뒤, 그들은 구유에 누운 아기 예수에게 경배를 드렸습니다. 지극히 높은 창조주 하나님은 그렇게 가장 낮은 곳에 연약한 아기의 모습으로 오셔서 겸손히 세상에서 가장 낮은 자들의 경배를 받으셨습니다.

"너희 안에 이 마음을 품으라 곧 그리스도 예수의 마음이니 그는 근본 하나님의 본체시나 하나님과 동등됨을 취할 것으로 여기지 아니하시고 오히려 자기를 비워 종의 형체를 가지사 사람들과 같이 되셨고 사람의 모양으로 나타나사"(빌 2:5-8a).

그때 목자들로부터 아기 예수를 싼 강보와 누운 구유에 대해 전해들은 요셉과 마리아는 비로소 아기 예수가 온 이유를 알게 되었을 것입니다. '흠 없는 어린 양'을 뉘었던 바로 그 자리에 누운 아기 예수는, 성전으로 보낸 '흠 없는 어린 양'들이 누군가의 목숨을 살리고 대신 죽는 것처럼, 죄 많은 인간들을 대신해서 '흠 없는 제물'로 드려지기 위해 오신 대속의 메시아였습니다. 그리고 그것이 바로 독생자를 제물로 내어 주기까지 택하신 백성을 구원하기 원하시는 여호와 하나님의 사랑이었습니다.

예수님은 왕이나 제사장이나 율법 선생으로 오신 게 아니었습니다. 힘 있는 자, 가진 게 많은 자로 오신 게 아니라, 지극히 낮고 천한 죄인들을 위해 지극히 낮은 자로 오셨습니다. 죄로 인해 영원히 심판 받을 수밖에 없었던 우리를 구하시려고, 그래서 참자유와 평화를 주시려고 전지전능하신 우주의 창조자 하나님이 인간이 되어 이 땅에 오셨습니다.

이방 여인들, 예수님의 족보에 오르다

신약의 대문 격인 마태복음은 예수님의 족보로 시작됩니다. 남성 중심의 족보에 여인들의 이름이 상당수 등장하는데, 그중에 예수님의 어머니인 마리아를 제외하고는 모두 이방 여인들입니다. 이들이 어떻게 예수님의 족보에 이름을 올리게 되었는지를 짚어 보는 것은 성경 속에서 이들과 동일한 '이방인'에 속하는 오늘날의 성도들에게 매우 유익한 지혜가 됩니다.

가장 먼저 등장하는 가나안 여인 다말은 원래 유다의 장자 엘의 아내였습니다. 그런데 엘이 자식도 없이 죽고 말았습니다. 형사취수제(兄死娶嫂制)의 전통에 따라 동생 오난이 형수를 아내로 삼아 대를 이어야 했지만 오난은 이를 고의적으로 거부하다가 하나님의 진노를 사서 죽고 말았습니다. 창졸간에 두 명의 아들을 잃은 유다는 하나 남은 아들마저 잃을까 봐 성년이 되도록 셋째 아들을 주지 않습니다. 이에 다말은 기생으로 변장하고 시아버지 유다를 유혹해서 임신을 합니다. 뒤늦게 이 사실을 안 유다는 셋째 아들이 장성했음에도 다말에게 주지 않은 자신의 잘못을 뉘우치고, 스스로 창녀가 되면서까지 유다가 하나님의 명령을 지켜 진노를 피할 수 있게 했을 뿐 아니라 끊어질 뻔한 대를 이을 수 있도록 한 다말의 행동을 '옳다'고 인정해 줍니다.

살몬과 결혼한 라합은 여리고 성의 기생이었습니다. 예수님에게는 기생의 피도 흐르고 있습니다. 그녀는 이스라엘과 함께하시는 여호와 하나님에 관한 소문을 듣던 중 여리고 성에 잠입한 이스라엘 정탐꾼들을 발견합니다. 그때 라합은 그들을 도와주며 자신과 자기 가족을 의탁합니다. 그러자 정탐꾼들은 "우리가 이 땅에 들어올 때에 우리를 달아 내린 창문에 이 붉은 줄을 매고 네 부모와 형제와 네 아버지의 가족을 다 네 집에 모으라"(수 2:18)고 말합니다.

이때 정탐꾼의 요구는 '우리가 다시 올 때에' 붉은 줄을 창문에 매라는 것입니다. 그런데 라합은 그들이 나가자마자 붉은 줄을 창문에 맵니다(수 2:21 참조). 정탐꾼들은 아직 여리고 성을 채 빠져나가지 못했습니다. 무사히 빠져나갔다 해도 그들이 정말 여리고 성으로 다시 올 것인지, 과연 여리고 성을 점령할 것인지 장담할 수 없었습니다. 실제로 라합의 집에서 탈출한 정탐꾼들은 며칠이 지나서야 진영으로 돌아옵니다. 다시 며칠이 지난 뒤 이스라엘 군대가

요단 강을 건넜고, 길갈에서 또 지체한 뒤 여리고 성으로 가까이 진군했습니다. 그러고도 한참을 대치하고서야 이스라엘 군대가 여리고 성을 정복합니다.

당시 이스라엘 군대는 장정만 50만 명이 넘었습니다. 그중에 누가 정탐꾼인지 알기도 힘듭니다. 그럼에도 불구하고 라합은 그들이 자기 집을 나가자마자 곧바로 붉은 줄을 맸습니다. 그 약속은 예수님과 한 것도 아니고 하나님에게 받은 언약도 아닌, 그저 한낱 정탐꾼과의 언약이었지만, 그녀는 그 약속이 이루어질 것을 믿었습니다. 그 믿음이 기생 라합을 예수님의 계보에 들게 한 것입니다.

다윗의 증조모인 룻은 유대인이 꺼리던 모압 여인이었습니다. 하지만 룻은 유대인 가정의 며느리로 살면서 여호와 하나님을 경험했습니다. 그래서 남편이 죽어 과부가 되고 난 후 시어머니 나오미가 친정으로 다시 돌아가라고 했을 때에도 돌아가지 않았습니다. 그녀는 하나님의 백성이 되기를 간절히 원했습니다.

"룻이 이르되 내게 어머니를 떠나며 어머니를 따르지 말고 돌아가라 강권하지 마옵소서 어머니께서 가시는 곳에 나도 가고 어머니께서 머무시는 곳에서 나도 머물겠나이다 어머니의 백성이 나의 백성이 되고 어머니의 하나님이 나의 하나님이 되시리니"(룻 1:16).

그렇게 시어머니 나오미와 유대 땅에 온 룻은 하나님의 은혜로 보아스와 결혼해서 이새의 아버지이자 다윗의 할아버지인 오벳을 낳았던 것입니다.

그런가 하면 솔로몬의 어머니 밧세바는 다윗의 아내가 아닌

'우리아의 아내'로 성경에 이름을 올렸습니다. 다윗은 밧세바와 통간하고 임신까지 시킨 자신의 범죄를 감추기 위해 밧세바의 남편이자 자신의 오른팔과도 같았던 장수 우리아를 죽였습니다. 하나님은 다윗의 회개를 듣고 그의 보좌를 영원히 지켜 주겠다고 하신 언약은 지키셨지만, 밧세바도, '다윗의 아내'도 아닌 '우리아의 아내'라고 기록하게 하심으로써 다윗이 살인까지 저지르면서 감추고자 했던 범죄를 만천하에 드러내셨습니다.

고개가 갸웃해집니다. 하나님은 예수님을 인류를 구원할 참메시아로 높이셨습니다. 그의 이름은 하나님이 죄인들을 용납하실 때 반드시 통과해야 하는 거룩한 휘장으로 쓰셨습니다. 그런 예수님의 족보에 왜 굳이 이런 사실까지 구구절절 기록하도록 허락하신 것일까요?

그것은 인간의 구원이 인간의 자격에 있지 않다는 사실을 일깨우기 위한 것입니다. 성 어거스틴(St. Augustine)이 경건과는 거리가 먼 부적절한 삶을 살고도 주님의 나라를 전하는 귀한 신학자로 사용된 것처럼, 인간이 아무리 더럽고 추해도 예수님의 조상은 물론 하나님의 자녀 또한 될 수 있음을 말씀하고 계신 것입니다. 예수님의 족보뿐 아니라, 성경 역시 훌륭한 영웅이나 고결한 위인에 관한 기록은 아닙니다. 더럽고 추해서 죽을 수밖에 없는 인간들을 구원하시는 생명의 하나님에 관한 기록입니다.

예수님의 족보에 마지막으로 등장하는 여인은 예수님의 어머니 마리아입니다. 비록 성령으로 인해 잉태된 예언의 생명이었지만, 엄격했던 B.C. 1세기의 중동 사회에서 성장한 어린 처녀는 혼전에 임신을 해서 두려워하고 있었습니다. 그런데 천사가 나타나 이렇게 말합니다. "마리아여 무서워하지 말라 네가 하나님께 은혜를 입었느니라"(눅 1:30).

언제 들어도 가슴이 뭉클해지는 말입니다. 자격이 있어서 받는 것은 은혜가 아닙니다. 받을 자격이 없는데 받은 선물이 바로 은혜입니다. 마리아에게 무슨 자격이 있었겠습니까? 다만 하나님의 선택이었습니다. 그래서 은혜입니다.

중동 사회에서 여인은 아무런 권리가 없었습니다. 남편이 없이는 어디에도 의탁할 곳이 없고, 무슨 일을 당해도 보호해 줄 사람이 없습니다. 그런 여인들이 역사에 이름을 남긴다는 것은 거의 불가능한 일이었습니다. 그러나 여호와 하나님을 만남으로 인생이 바뀌었습니다.

주님을 영접하면 우리의 족보가 바뀝니다. 아담의 족보에서 예수님의 족보로, 사망의 족보에서 생명의 족보로 바뀝니다. 예수님의 족보에는 우리와 같은 흠 많고 자격 없는 사람들 투성입니다. 예수님은 인간의 모든 연약함과 비천함, 인간의 모든 추함과 수치를 감당하기 위해 태어나셨기 때문입니다. 그래서 예수님의 족보는 희망입니다. 바닥을 친 인생이나 세상이 손가락질하는 사람들, 심지어 부모와 자녀까지 등을 돌린 사람들에게, '세상은 너를 버려도 하나님은 결단코 너를 버리지 않는다'는 사실을 말해 주는 희망입니다.

임마누엘로 오시다

성탄절이 되면 아이들이 기다리는 사람이 있습니다. 착한 아이에게 선물을 준다는 산타클로스 할아버지입니다. 하나님의 백성인 우리는 어린아이처럼 2천 년 전 우리를 위해 오신 이를 생각합니다. 우리에게 성탄절의 주인공은 가공의 인물인 산타클로스가 아닌 아기 예수님, 곧 인류 역사를 주전(B.C.)과 주후(A.D.)로 나누게 한 실제 인물, 예수 그리스도입니다.

"보라 처녀가 잉태하여 아들을 낳을 것이요 그의 이름은 임마누엘이라 하리라 하셨으니 이를 번역한즉 하나님이 우리와 함께 계시다 함이라"(마 1:23).

위의 말씀은 예수 그리스도가 어떤 분이신지를 이름으로 해석해 주고 있습니다. 이보다 앞서 나오는 21절은 "아들을 낳으리니 이름을 예수라 하라 이는 그가 자기 백성을 그들의 죄에서 구원할 자이심이라 하니라"입니다. 예수라는 이름은 구약성경의 여호수아라는 히브리어 이름의 헬라어 버전입니다. 여호수아와 예수는 모두 '여호와는 구원이시다'라는 뜻입니다. 여호와 하나님은 어떤 상황에서도 우리를 구해 주시고, 해방시키시며, 살리시는 분이라는 의미가 담겨 있습니다.

23절에 등장하는 '임마누엘'이라는 이름은 '여호와 하나님이 함께하신다'는 뜻입니다. 이 이름이 우리에게 감격인 까닭은, 하나님은 원래 바라볼 수도 없는 저 높고 높은 우주의 주인이시기 때문입니다. 온 천하의 주인이신 하나님이 이 땅에 내려와 한없이 부족하고 어리석은 우리와 함께하심으로 이 이름이 우리에게는 축복이요, 기쁨이 되었습니다. 그런데 과연 우리는 임마누엘의 삶을 누리고 있습니까?

예수님은 어디서든 천국 복음을 전하셨습니다. 식사를 하실 때나 길을 걸을 때, 병든 자를 고치실 때에도 항상 하나님 아버지의 사랑과 그의 나라를 증거하셨습니다. 그중에서도 예수님이 제자들을 처음 부르셨던 갈릴리 호숫가는 가장 자주 왕래하며 복음을 전하신 곳 중의 하나입니다. 이미 많은 이적과 기사를 보여 주셨기 때문에 가는 곳마다 엄청난 군중이 따라다녔습니다.

어느 날, 군중에게 둘러싸여 말씀을 전하시는 사이 날이 저물었습니다. 말씀을 마치신 예수님은 제자들에게 호수 건너편으로

가자고 하셨습니다. 그래서 함께 배에 올랐는데 갑자기 광풍이 몰려왔습니다.

갈릴리 호수는 해수면보다 무려 200미터나 낮은데다가 사면은 높은 산들로 둘러싸여 있습니다. 하루 종일 사막의 열기로 뜨겁게 데워진 호수가 북쪽 헐몬 산의 차가운 바람을 만나면 호수는 일시에 광풍에 휩싸이곤 합니다. 그런데 하필 이날, 풍랑이 시작된 것입니다.

제자들은 걱정스러운 눈빛으로 예수님을 바라보았습니다. 예수님은 곤히 잠들어 계셨습니다. 풍랑이 더 심해져서 금방이라도 배가 뒤집힐 것만 같았습니다. 이에 불안해진 제자들은 잠든 예수님을 깨웠습니다. 그리고 '우리가 죽게 되었는데 왜 잠만 주무시느냐'고 원망했습니다. 불안해하는 제자들을 보며 예수님은 먼저 풍랑을 향해 '잠잠하라'고 명하셨습니다. 그러자 휘몰아치던 광풍이 사라지면서 거칠게 일렁이던 호수의 물결도 이내 잠잠해졌습니다.

"예수께서 깨어 바람을 꾸짖으시며 바다더러 이르시되 잠잠하라 고요하라 하시니 바람이 그치고 아주 잔잔하여지더라"(막 4:39).

제자들은 놀라 예수님을 바라보았습니다. 그때 예수님은 제자들을 책망하시며 "어찌하여 이렇게 무서워하느냐 너희가 어찌 믿음이 없느냐"(막 4:40) 하고 말씀하셨습니다.

제자들은 납득할 수 없었습니다. 아마도 어부 출신인 베드로와 제자들은 밤의 갈릴리 호수가 어떤지 잘 알고 있었을 것입니다. 하지만 예수님이 호수를 건너가자고 하셔서 걱정 없이 배에 올랐을 것입니다. 예수님이 함께 가시는데 설마 광풍이 불어올까 했을 것입니다. 아니, 광풍이 온다 해도 이 배를 흔들지는 못할 것이라는 담대한 믿음을 가졌을지도 모릅니다. 그런데 예상 밖의 상황이 발생한 것입니다.

호수는 잠잠했어야 합니다. 비록 광풍이 불어온다 해도 걷지 못하는 사람을 일으키고 눈먼 자를 눈 뜨게 한 메시아 예수님이 타고 계신 이 배는 그 광풍을 비껴가야 맞는 것입니다. 그런데 사나운 풍랑이 예수님이 타고 계신 배를 사정없이 흔들었던 것입니다.

그렇습니다. 예수님이 타신 배도 광풍에 흔들립니다. 예수님을 따라나서기로 작정한 우리의 삶에도 광풍이 휘몰아칩니다. 행복해 보이는 사람도 알고 보면 다 광풍을 만납니다. 이 광풍을 피하기 위해 직장을 옮기기도 하고 심지어 이민을 가기도 합니다. 하지만 그곳에도 어김없이 광풍은 불어옵니다.

제자들의 눈에는 잠들어 계신 예수님보다 불어오는 광풍의 능력이 더 크게 보였습니다. 그래서 예수님은 제자들의 '믿음 없음'을 지적하신 것입니다. 당신은 어떻습니까? 지금 당신의 인생은 광풍을 만난 것 같습니까? 점점 더 광풍이 심해지고 있다고 느껴집니까? 그럼에도 불구하고 예수님은 마치 깊이 잠드신 것처럼 침묵하시는 것 같습니까? 아니, 아예 당신을 돌아보지 않으시는 것 같습니까?

만일 인생의 배에 예수님을 모셨다면 두려워하지 마십시오. 당황하지도 마십시오. 광풍은 우리를 회개하도록 인도하는 하나님의 회초리일 수도 있지만, 동시에 우리를 더욱 굳센 믿음으로 인도하는 은혜이기도 합니다.

풍랑 때문에 배가 흔들릴 수는 있습니다. 광풍은 점점 더 거세지고 금방이라도 뒤집어질 듯 배가 사정없이 흔들릴 수는 있습니다. 그러나 깊이 잠드신 것 같아도 주님은 우리가 당한 광풍을 알고 계십니다. 그러니 우리가 할 일은 믿음을 보이는 것입니다. 예수님이 제자들에게 원하셨던 것은 바로 그 믿음이었습니다.

카일 아이들먼(Kyle Idleman)은 《팬인가, 제자인가》(두란노서원 역간)라는 그의 저서에서 이런 말을 했습니다.

> "팬은 희생 없이 즐기기만 원한다. 팬은 상처 받을 위험 없이 즐기려고만 한다. 팬은 희생 없이 챙길 것만 챙기려고 한다. 팬은 따라가지 않고 주춤거린다. 그렇다고 예수님과의 관계를 원하지 않는 건 아니다. 단지 모험까지 할 생각은 없을 뿐이다 … 팬은 예수님께 이런 맹세를 남발한다. '상황이 좋고 당신이 계약 조건을 잘 지키는 한 당신을 좇겠습니다. 제게 너무 많은 것을 요구하시지 않는 한 당신을 따르겠습니다.' 팬은 혹시 자신에게 피해가 올까 두려워서 예수님을 전심으로 따르지 못한다. 예수님과의 관계를 위해 자신의 돈과 시간, 에너지를 전부 쏟을 생각까지는 없다."

당신은 혹시 예수님의 팬에 머물러 있지는 않습니까? 평생 팬과 같은 젖먹이 신앙에 머무르고 싶다면 그냥 갈릴리 호숫가에 남아 있으면 됩니다. 예수님을 따라나설 필요가 없습니다. 그러나 하나님의 위대한 역사에 쓰임 받기를 원한다면 호수를 건너가자는 예수님을 따라 배에 올라야 합니다. 광풍도 예상해야 합니다. 배는 흔들리는데 주님은 깊이 잠드신 것 같아 두려움에 휩싸일 수도 있습니다. 그러나 그 순간에도 예수님이 이 여정의 주인이라는 사실과 광풍 중에도 우리를 목적지까지 인도하실 거라는 사실을 믿어야 합니다. 예수님과 함께하는 항해이기에 조금만 인내하고 기다리면 소원의 항구로 들어가게 된다는 것을 믿어야 합니다.

하나님의 위대한 역사에 쓰임 받는 사람들은 광풍 속에서도 하나님을 믿는 사람들입니다. 웬만한 광풍에는 끄떡도 하지 않는 항공모함 같은 믿음을 가진 이들입니다. 우리를 그 믿음으로 이끌어 가시기 위해 예수님은 사랑하는 제자들의 인생에, 또한 우리의 인생에 광풍의 밤을 허락하십니다.

따로쁘, 화해의 아이로 오시다

2013년 12월 5일, 남아프리카공화국(이하 남아공)의 전 대통령 넬슨 만델라(Nelson Mandela)가 세상을 떠났습니다. 전 세계의 매스컴에서 위대한 평화의 수호자였던 만델라의 삶을 추모했습니다.

남아공의 인종 차별에 대항해 무장 투쟁을 해 온 인권 운동가 넬슨 만델라는 1964년 반란죄로 체포되어 종신형을 선고받았습니다. 투옥 기간 중 모진 고문과 강제 노역에 시달렸지만 그는 흑인 인권 운동을 멈추지 않았습니다. 이런 사실이 서구 사회에 알려지면서 만델라를 석방하라는 요구가 빗발쳤습니다. 마침내 국제 사회의 질타를 견디다 못한 남아공은 1990년 만델라를 석방했습니다. 그때 그의 나이 72세였습니다.

그런데 출옥 이후 만델라는 더 이상 흑인을 선동하는 대중 연설을 하지 않았습니다. 많은 사람들이 '변화의 이유'를 물었을 때 만델라는 이렇게 대답했습니다.

> "내가 만약 감옥에 있지 않았다면 인생의 가장 어려운 과제, 즉 나 스스로를 변화시키는 일을 해내지 못했을 것입니다. 내가 감옥 문을 뒤로하고 자유를 향해 걸어갈 때, 내 안의 모든 억울함과 분노와 미움에서 떠나지 않는다면 나는 여전히 감옥에 있게 된다는 것을 알았습니다."

즉, 자신의 변화를 통해 용서를 했다는 것입니다. 상대의 변화를 요구하기 전에 자신이 먼저 변했던 것입니다. 1993년 노벨 평화상을 수상한 만델라는 그 이듬해 남아공 최초의 평등 선거에서 첫 흑인 대통령으로 선출되었습니다. 그는 '차별의 종식'이라는 제목의 취임사를 통해 '이 아름다운 땅에서 더 이상 사람이 사람을 억압하는 상황을 만들지 않겠다'고 약속했습니다. 그리고 측근의 반대에도 불구하고 백인을 대통령 집무실 직원이나 경호원으로 채용했습니다. 만델라는 대통령 집무실에서부터 모든 인종이 평등한 국가를 만들어 가야 한다는 소신을 굽히지 않았습니다. 그는 인종차별과 싸운 투사인 동시에 용서와 화해를 삶으로 가르쳐 준 거인(巨人)이었습니다.

성경은 "그가 아버지의 마음을 자녀에게로 돌이키게 하고 자녀들의 마음을 그들의 아버지에게로 돌이키게 하리라"(말 4:6)고 말씀합니다. 화해의 거인이었던 만델라처럼 성도인 우리에게도 화해의 소명이 있습니다. 하나님을 모르는 영혼, 하나님과 반목(反目)하는 영혼들의 마음을 하나님에게로 돌이켜야 합니다. 그러기 위해서는 먼저 우리가 하나님과 화해하고, 세상과 하나님을 하나 되게 하는 화해자의 삶을 살아야 합니다.

그 소명을 따라 1962년 4월 13일, 돈 리처드슨(Don Richardson) 선교사 부부가 젖먹이 아들을 데리고 인도네시아의 파푸아 섬에 도착했습니다. 신석기 시대의 문명이 남아 있던 파푸아 섬에는 그때까지도 공공연하게 사람의 머리를 사냥하거나 같은 부족 안에서의 살인과 배신을 당연시하는 풍습이 남아 있었습니다.

그들이 섬기던 사위(Sawi) 부족도 다를 게 없었습니다. 심지어 '뚜위 아소나이 마까에린', 즉 살해를 위해 우정으로 살찌운다는 속담이 있을 정도였습니다. 우정으로 친해져서 안심하게 되면 배반하고 죽이는 것을 권장하는 속담입니다. 감쪽같이 상대의 뒤통수를 치는 행동을 높이 평가해 주는 풍토였습니다. 배신을 당한 부족은 어김없이 복수를 하고, 이는 또 다른 배신과 살인으로 이어졌습니다.

선교사 가족도 언제 이들에게 배신을 당해 싸늘한 시체로 변할지 모를 일이었습니다. 그래서 그들은 선교를 포기하고 섬을 떠나기로 결심한 뒤 그 사실을 통보했습니다. 서로 화해하지 못하고 싸우는 것이 너무 가슴 아프다는 이유도 밝혔습니다.

그런데 이상한 일이 벌어졌습니다. 원수였던 사위 부족의 두 마을 사람들이 모여 의논을 하더니, 그동안 생필품을 제공해 온 고마운 외국인이 떠나는 것을 막기 위해 싸움을 중단하고 화해할 것을 결정한 것입니다. 그리고 곧이어 화해의 표시로 각각 자기 마을의 아기를 맞교환했습니다. 그들은 이 아이를 '따로쁘'라고 불렀는데, 이는 화해의 아이라는 뜻입니다. 이 '따로쁘'가 서로의 마을에서 무사히 잘 살고 있는 동안은 모든 것을 참고 화목하게 지내겠다고 서약하고 함께 춤도 추었습니다. 그때 이 광경을 목격한 리처드슨 선교사의 머리에 섬광처럼 무엇인가가 스쳐 지나갔습니다. 복음을 전할 수 있는 실마리를 발견한 것입니다!

"사랑은 여기 있으니 우리가 하나님을 사랑한 것이 아니요 하나님이 우리를 사랑하사 우리 죄를 속하기 위하여 화목 제물로 그 아들을 보내셨음이라"(요일 4:10).

리처드슨 선교사는 사위 부족의' 여러 마을을 순회하면서 다음과 같이 복음을 전하기 시작했습니다.

> "여러분이 원수처럼 싸우는 상대 마을과 화해할 때, 여러분은 '화해의 아이'를 상대 마을에게 줍니다. 그 아이는 다른 마을의 아이가 아니라 바로 여러분의 아이여야만 하지요. 그런데 '화해의 아이'가 결정되면 그 부모는 기절할 만큼 고통스럽습니다. 원수 마을의 사람들이 아이를 죽일 수도 있기 때문입니다. 상대 마을도 마찬가지입니다. 두 마을의 평화는 이 '화해의 아이'가 살아 있는 동안 유지될 수 있습니다. 예수님은 하나님이 우리를 위해 보내신 따

로쁘, 바로 '화해의 아이'입니다."

자신들이 보낸 '따로쁘'가 가져다준 마을의 평화를 경험한 사위 부족은 하나님이 보내신 '따로쁘'인 예수님을 영접하기 시작했습니다. 그 후 배신과 살인의 문화도 서서히 사라지기 시작했습니다. 그러다 마침내 리처드슨 선교사 부부가 그곳에 간 지 10년이 지난 1972년 성탄절에 기적이 일어났습니다. 하또라는 그리스도인이 후립이라는 이웃 마을 사람을 용서하는 일이 일어난 것입니다.

몇 년 전, 하또는 자신의 아들을 '화해의 아이'로 내어 준 적이 있었습니다. 그런데 그 마을의 후립이 자신의 아들을 잡아먹은 것입니다. 도저히 용서할 수 없었던 하또는 복수의 칼을 갈았습니다. 하지만 예수님을 영접하고 나서 심경의 변화를 일으킨 하또는 마침내 후립을 안고 그를 용서했습니다. 하나님이 세상에 보내신 '따로쁘', 예수님을 통해 미움과 분노의 벽을 깨뜨린 것입니다.

"하나님이 세상을 이처럼 사랑하사 독생자를 주셨으니 이는 그를 믿는 자마다 멸망하지 않고 영생을 얻게 하려 하심이라"(요 3:16).

구약의 끝, 끊임없이 하나님을 외면하고 죄의 늪으로 달려가는 인간을 구원하기 위한 하나님의 마지막 선택은 스스로 '따로쁘'가 되시는 것이었습니다. 그렇게 인간의 몸을 입고 세상에 오신 성자 하나님은 가난한 자, 병든 자, 억압당한 자들과 함께하며 그들의 친구가 되어 사시다가, 그들을 위해 수치와 고통 속에 죽으심으로 영원한 화해의 길을 열어 놓으셨습니다.

영혼을 고치는 의사로 오시다

20여 년 전에 〈허준〉이라는 드라마가 인기리에 방송되었습니다. 그 드라마를 통해 알게 된 인상적인 단어가 있는데, 바로 '심의'(心醫)라는 단어입니다. 허준의 스승은 그에게 심의, 즉 마음을 다하는 의사가 되라고 권합니다. 환자의 고통을 돌보며 그와 진심으로 함께하는 심의야말로 진정한 의미의 의사라 할 수 있을 것입니다.

예수님은 종종 자신을 가리켜 의사라고 말씀하셨습니다. 그리고 실제로 많은 병자들을 고쳐 주셨습니다. 먼저 살펴볼 나병 환자도 그중 한 사람입니다.

"예수께서 한 동네에 계실 때에 온몸에 나병 들린 사람이 있어 예수를 보고 엎드려 구하여 이르되 주여 원하시면 나를 깨끗하게 하실 수 있나이다 하니 예수께서 손을 내밀어 그에게 대시며 이르시되 내가 원하노니 깨끗함을 받으라 하신대 나병이 곧 떠나니라" (눅 5:12-13).

한 나병 환자가 예수님을 만났습니다. 그는 간절히 고침 받기를 원했습니다. 예수님이 원하시면 자신이 나을 수 있을 거라며 매달렸습니다. 나병은 유대교에서 '부정한 병'으로 분류되어 있어 나병에 걸린 사람은 피를 나눈 가족도 가까이할 수 없었습니다. 그래서 그는 사람들에게 따뜻한 손길 한 번, 눈길 한 번 받지 못했을 것입니다. 오히려 더 보살핌을 받아야 했지만, 어딜 가나 거절당하는 삶을 살았을 것입니다. 어렵게 용기 내어 예수님에게 나아왔으나 흉측한 자신의 모습을 거적에 감춘 채 울먹였을 것입니다.

예수님은 그를 측은히 여기셨습니다. 그리고 다가가서 그의 몸에 손을 대셨습니다. 그 순간, 나병 환자는 물론 옆에서 지켜보고 있던 제자들도 깜짝 놀랐을 것입니다. 예수님은 전지전능하신 성자 하나님으로서 멀찍이 서서 말씀 한마디만 해도 병을 낫게 하실 수 있었습니다. 실제로 그렇게 고쳐 주신 적도 많았습니다. 그럼에도 굳이 흉측하게 일그러지고 곪아 터진 나병 환자에게 다가가 그를 어루만져 주신 것은, 나병 환자의 몸의 상처와 더불어 마음의 상처도 보셨기 때문입니다. 그래서 몸의 상처만큼이나 흉측하게 일그러졌을 마음의 상처를 치유해 주신 것입니다.

예수님에 관한 소문은 순식간에 퍼져 나갔습니다. 그 소식을 듣고 수많은 무리가 몰려왔습니다. 그중에는 중풍으로 몸이 마비되어 버린 친구를 침상에 누인 채 지붕에서 달아 내린 친구들이 있었습니다.

"한 중풍병자를 사람들이 침상에 메고 와서 예수 앞에 들여놓고자 하였으나 무리 때문에 메고 들어갈 길을 얻지 못한지라 지붕에 올라가 기와를 벗기고 병자를 침상째 무리 가운데로 예수 앞에 달아 내리니"(눅 5:18-19).

예수님은 이 친구들의 믿음을 보고 중풍병자를 고쳐 주셨습니다. 그리고 이날 이들 외에도 수많은 병자들을 고쳐 주셨습니다.

하지만 몸의 병만 고쳐 주신 것이 아닙니다. 중풍병자를 고치고 난 뒤 거리로 나간 예수님은 세관에 앉아 있는 세리에게 다가가셨습니다. 당시 로마의 공식 세금 대리인이었던 세리는 로마를 등에 업고 자신의 유익을 위해 종종 동족들에게 과도한 세금을 받아 내곤 했습니다. 그래서 유대인들은 피도 눈물도 없는 세리들을 '율법을 지키지 않는 죄인'으로 낙인찍어 부정하게 여겼습니다. 이들 역시 유대 사회에서 외면당한 이들이었습니다.

그 세리 중 한 사람이 예수님을 만난 것입니다. 아니, 정확히는 지나가던 예수님이 그에게 다가가 '나를 따르라'고 말씀하신 것입니다. 그 순간, 세리는 자기 귀를 의심했을 것입니다. 그 누구도 그에게 관심을 가져 주지 않았습니다. 다들 그를 손가락질하고 비난했습니다. 그런데 메시아라 불리는 랍비, 병자를 고치고 기적을 일으키는 예수님이 자신을 제자로 불러 주신 것입니다. 감동한 세리는 모든 것을 버려두고 예수님을 따라나섰습니다. 그가 바로 마태복음의 저자인 세리 마태입니다. 예수님은 잘못된 길로 가고 있던 그의 삶을 완전히 새롭게 고쳐 주셨습니다.

이처럼 예수님은 하늘 영광 버리고 세상으로 왕진을 나오신 의사이셨습니다. 그런데 우리가 예수님을 진정한 '심의'로 불러야 하는 이유는 따로 있습니다. 예수님은 세상 의사들은 결코 고칠 수 없는 것을 고쳐 주셨기 때문입니다.

어느 날 사람들이 예수님에게 한 여자를 끌고 왔습니다. 음행을 하다가 붙잡힌 여자였습니다. 사람들이 여자를 끌고 온 건 예수님을 고발할 빌미를 찾기 위해서였습니다. 그들은 "선생이여 이 여자가 간음하다가 현장에서 잡혔나이다 모세는 율법에 이러한 여자를 돌로 치라 명하였거니와 선생은 어떻게 말하겠나이까"(요 8:4-5) 하고 물었습니다. 평소 율법에 의해 부정한 자로 여겨졌던 세리나 죄인들을 친구 삼아 오신 예수님이 간음한 여인을 살려 주라고 하면 율법을 어겨서 고발의 빌미를 주게 되고, 돌로 치라고 하면 모든 사람을 구원하러 왔다는 예수님의 말에 모순을 드러내게 됩니다. 바로 이 점을 노려 예수님을 궁지에 몰아넣으려는 것이었습니다.

예수님은 잠시 침묵하신 후 땅바닥에 무어라고 쓰기 시작했습니다. 여인을 끌고 온 사람들은 '꼼짝없이 걸려들었다'고 생각하고 계속해서 어떻게 하겠느냐고 채근했습니다. 그러자 예수님은 일어나서 한마디로 그들의 소란을 잠재우셨습니다. "너희 중에 죄 없는 자가 먼저 돌로 치라"(요 8:7).

그 순간 좌중은 물을 끼얹은 듯 조용해졌습니다. 분명히 돌로 치라고 하셨습니다. 간음죄는 돌로 쳐 죽여야 할 중죄라는 사실을 인정하신 것입니다. 그러나 죄 없는 자만 치라는 조건을 제시하심으로 예수님에게 여인을 끌고 온 자들을 고발하고 계신 것입니다. 죄가 없다고 하면 하나님 앞에서 거짓말을 하는 게 되고, 죄가 있다고 하면 여자를 돌로 칠 자격이 없어지기 때문입니다. 정곡을 찌른 한마디에 양심의 가책을 느낀 사람들은 손에 들고 있던 돌을 내려놓고 자리를 떠났습니다. 그리고 그곳에는 두려움에 떨며 엎드린 여인만이 남아 있었습니다.

예수님은 "나도 너를 정죄하지 아니하노니 가서 다시는 죄를 범하지 말라"(요 8:11b) 말씀하시며 여인을 용서하셨습니다. 죄가 가벼워서가 아닙니다. 간음죄는 돌로 쳐 죽여 생명으로 속죄해야 할 만큼 큰 죄입니다. 그럼에도 정죄하지 않은 이유는, 예수님이 그 죄의 문제를 해결하실 분이기 때문입니다. 그래서 예수님은 병을 고쳐 주실 때에도 먼저 죄를 사해 주셨습니다. 이로 인해 바리새인과 산헤드린 소속 제사장들의 표적이 되기도 했지만, 예수님은 전혀 개의치 않고 죄를 사해 주셨습니다. 그렇게 하나님과의 잘못된 관계를 고쳐 주셨습니다.

영혼의 병을 치유하는 진정한 심의로 우리와 동행하신 예수님, 이제 그 예수님은 성령님으로 다시 우리에게 오셔서 우리로 하여금 세상의 다른 영혼들을 고치는 심의의 길을 갈 수 있도록 동행하고 계십니다.

생명의 양식으로 오시다

요한복음에 자주 나오는 '표적'이란 말은 영어로 사인(sign)입니다. '특별한 의미를 전달하는 일정한 방식'이라는 뜻을 가진 사인의 대표적인 예는 교통 신호등입니다. 신호에 있어서 빨간색은 멈추라는 뜻입니다. 그러니까 빨간 신호등은 사인이고, 그 내용은 '멈춤'입니다. 이와 같이 표적은 자신을 드러내기 위함이 아니라, 다른 뜻을 전달하는 데 그 목적이 있습니다.

언젠가 예수님이 빈 들에 계셨습니다. 병든 자, 가난한 자, 갈 바를 모르는 자 등 삶의 고민을 가진 많은 사람들이 모였습니다. 예수님은 이들에게 천국 복음을 전하고 병도 고쳐 주셨습니다. 어느새 날이 저물어 저녁 식사 시간이 되었습니다. 하지만 빈 들에는 먹을 것이 없었습니다. 가진 것이라곤 소년이 가져온 보리떡 다섯 덩어리와 물고기 두 마리, 즉 오병이어가 전부였습니다. 하지만 사람들은 자리를 뜨지 않고 예수님 곁에 머물러 있었습니다.

예수님은 그들을 측은히 여기시어 소년에게서 받아 든 보리떡과 물고기를 들어 하나님에게 감사 기도를 드린 뒤 제자들에게 나누어 주게 하셨습니다. 그런데 나누다 보니 오천 명이 다 배불리 먹고도 남는 기적이 일어났습니다. 예수님 곁에 머물러 있던 이들은 더 이상 누구도 배고프지 않게 되었습니다.

사실 먹는 문제가 해결되지 못하면 삶이 참 서글퍼집니다. 그래서 가족의 생계를 책임진 가장은 마음이 늘 무겁습니다. 감사하게도 예수님은 우리의 먹는 문제에 늘 마음을 써 주셨습니다. 하나님 아버지가 책임져 주실 것이므로, 무엇을 입을까 무엇을 먹을까 염려하지 말라고 하시며 "일용할 양식을 주시옵고"(마 6:11)라고 기도하라고 가르쳐 주셨습니다. 예수님이 먹고사는 문제에 마음을 쓰신 이유는, 그보다 더 중요하고 근본적인 영혼의 문제에 집중하기를 원하셨기 때문입니다.

그런데 기적적으로 배고픔을 해결한 사람들의 반응은 전혀 정반대였습니다. 이들은 예수님을 왕으로 삼아 계속해서 자기들의 생계와 더 나아가 삶의 문제를 해결하고자 했습니다. 그러자 예수님은 그들을 피해 혼자 산으로 올라가셨습니다. 그런데 사람들은 백방으로 수소문해서 그곳까지 예수님을 따라왔습니다. 예수님은 그들의 속마음을 꿰뚫어 보고 계셨습니다.

"내가 진실로 진실로 너희에게 이르노니 너희가 나를 찾는 것은 표적을 본 까닭이 아니요 떡을 먹고 배부른 까닭이로다 썩을 양식을 위하여 일하지 말고 영생하도록 있는 양식을 위하여 하라 이 양식은 인자가 너희에게 주리니 인자는 아버지 하나님께서 인 치신 자니라"(요 6:26-27).

예수님은 사람들이 오병이어의 기적을 먹는 문제로만 보고 있음을 지적하시며, '영원한 양식을 구하면 육의 양식은 하나님이 해결해 주신다'는 것을 깨닫기 원하셨습니다. 즉, 떡과 물고기를 나눈 것은 표적이었고, 그 표적으로 전하고자 하신 내용은 하나님의 생명이 예수님을 통해 흘러가고 있음을 보여 주고자 하셨던 것입니다. 그런데 여기서 주목해야 할 단어가 있습니다. 바로 '떡'이라는 단어입니다. 이 단어는 이어지는 말씀에서도 발견할 수 있습니다.

"예수께서 이르시되 내가 진실로 진실로 너희에게 이르노니 모세가 너희에게 하늘로부터 떡을 준 것이 아니라 내 아버지께서 너희에게 하늘로부터 참떡을 주시나니 하나님의 떡은 하늘에서 내려 세상에 생명을 주는 것이니라"(요 6:32-33).

예수님이 자신에 관해 사용하신 중요한 단어 중 하나가 바로 '떡'입니다. 이 '떡'은 빵으로 번역되기도 하는데, 히브리어로 '레켐' 혹은 '레헴'이라 합니다. 예수님이 탄생하신 베들레헴의 '레헴'이 그와 같습니다. 베들레헴은 집이란 뜻의 '베이트'와 떡이란 뜻의 '레헴'의 합성어로서 떡집 혹은 빵집이라는 뜻을 갖습니다. 이 '레헴'이라는 단어는 묘하게도 히브리어로 전쟁을 의미하는 단어

속에 들어가서 자주 전쟁과 관련된 이야기에 등장합니다. 다윗이 '빵', 즉 '레헴'을 가지고 전쟁터에 있는 형들을 찾아갔다가 골리앗을 쓰러뜨리는 영적인 전쟁을 치러 낸 것은 우리도 잘 아는 사실입니다. 그리고 출애굽기에는 이 단어가 정확하게 '전쟁하다, 싸우다'라는 뜻으로 등장하기도 합니다.

"여호와께서 너희를 위해 싸우시리니"(출 14:14).

즉, 이 '떡'은 '전쟁하다, 싸우다'라는 뜻을 동시에 함축하고 있습니다. 이런 중의적인 함축성으로 영적인 의미를 전달하는 것이 히브리어의 특징인데, 이렇듯 유대인에게 떡은 늘 전쟁과 연관이 있었고, 그 전쟁은 진리를 지키기 위한 영적인 전쟁을 의미했습니다.

그러므로 예수님이 말씀하시는 떡은 영적인 전쟁을 위한 떡이라는 뜻이자, 예수님 자신이 우리가 해 나가야 할 영적인 전쟁의 양식이 되어 주신다는 의미입니다. 그래서 "나는 생명의 떡이니 내게 오는 자는 결코 주리지 아니할 터이요 나를 믿는 자는 영원히 목마르지 아니하리라"(요 6:35) 하고 말씀하신 것입니다.

하나님의 뜻은 우리의 멸망이 아닙니다. 하나님의 뜻은 우리에게 영생을 주시는 것입니다. 그래서 사랑하는 아들 예수님을 우리를 위한 생명의 양식으로 내어 주셨고, 성자 예수님은 그러한 아버지 하나님의 뜻에 온전히 순종하사 우리에게 생명의 양식을 나누어 주셨습니다. 인간이 되어 오심으로, 우리의 배고픔에 관심을 가지심으로, 또한 우리 죄를 대신해서 죽으시고 부활하심으로 다시는 배고프지 않을 영원한 양식이 되어 주신 것입니다.

십자가, 다 이루시다

2천 년 전, 한 유대인 사형수가 있었습니다. 그의 이름은 바라바이고, 그의 죄명은 반란죄와 살인죄였습니다. 그는 유대인 열심당원으로서 매국노를 암살했고, 로마의 압제에 항거해서 대규모 반란을 기도했다가 실패해 체포된 사람이었습니다. 로마 재판정은 그에게 법정 최고형인 십자가형을 내렸습니다.

십자가형을 일컬어 흔히 인간이 인간에게 가할 수 있는 가장 끔찍한 형벌이라고 합니다. 예수님이 생존하실 때의 중동 지역에는 다양한 형태의 사형 집행 방법이 있었는데, 그중에 가장 가혹한 형벌이 바로 십자가형이었습니다.

십자가형은 그냥 십자가에 매달려 죽는 게 아닙니다. 십자가형을 언도받은 사형수에게는 먼저 채찍질을 합니다. 그런데 이 채찍 끝에는 쇳조각이 달려 있어 내리칠 때마다 살점이 떨어져 나갑니다. 채찍을 맞을 때마다 사형수들이 지르는 비명을 통해 다른 죄수들에게 공포감을 심어 주어 저항의 의지를 꺾기 위한 방법입니다.

채찍질이 끝나면 자신이 매달릴 십자가를 지고 형장까지 가야 합니다. 예수님이 채찍질을 당한 후에 걸어가신 길은 지금의 채찍교회에서 비아 돌로로사(Via Dolorosa)를 거쳐 무덤교회까지 약 800미터 거리의 가파른 언덕길입니다. 그런데 채찍질을 당한 사형수들은 살점이 다 떨어져 나가 허옇게 뼈가 드러나고 온몸이 피투성이입니다. 극심한 고통으로 정신도 없고 자기 몸을 가눌 힘도 없다 보니 수도 없이 쓰러집니다. 그때마다 다시 매서운 채찍질이 이어집니다. 중간에 실신하는 사형수도 많고, 겨우 형장에 도착했다 해도 거의 산 사람이라고 보기 어려울 정도가 됩니다.

형장에 도착하면 십자가에 눕혀 놓고 양팔을 벌려 못을 박습니다. 이때 못은 정확하게 손목의 한가운데, 손끝에서 머리끝까지 연결되는 신경 조직이 집중된 곳에 박습니다. 발에 박는 못도 마찬가지입니다. 이 지점에 못을 박으면 손가락 끝을 조금만 움직여도 엄청난 통증이 온몸에 전달됩니다. 죽는 순간까지 극심한 고통을 겪게 하기 위해 고안된 잔인한 방법입니다.

옷은 완전히 벗겨서 부끄러운 부분까지 다 드러나게 합니다. 이 상태로 몇 시간에 걸쳐 극심한 고통과 수치 속에서 서서히 죽어가게 만듭니다. 그 몇 시간은 사형수들에게 평생 살아온 시간만큼

길고 긴 고통의 시간입니다. 인간이 겪을 수 있는 최악의 형벌인 이 끔찍한 십자가형은 체제 전복을 기도한 정치범이나 살인강도, 노예나 로마 시민권이 없는 사람을 처형할 때 사용되었습니다.

사형수 바라바 역시 이 끔찍한 십자가형을 당할 처지에 놓여 있었습니다. 그런데 형장으로 가기 전 군중들 앞에 서게 되었습니다. 마침 유월절을 앞두고 있어, 운이 좋으면 특사를 받을 수 있는 기회가 생긴 것입니다. 그런데 그때 누군가가 함께 끌려 나왔습니다. 언젠가 그도 소문으로 들어 알고 있는 예수라는 랍비였습니다.

예수님을 보면서 바라바는 무슨 생각을 했을까요? 민족의 독립을 꿈꾸었던 혁명가 바라바는 세상 돌아가는 이치에 밝았던 사람일 가능성이 높습니다. 그렇다면 틀림없이 가는 곳마다 기적을 일으키고 사람들이 구름 떼처럼 몰린다는 예수님에 대해 알고 있었을 것입니다. 그래서 아마도 운 좋게 다가온 특사의 기회는 날아갔다고 생각했을지 모릅니다. 한없이 선해 보이는 이 랍비가 로마 체제 전복을 기도한 자신보다 더 큰 죄를 지었을 것이라고는 생각할 수 없었을 테니 말입니다.

그런데 놀랍게도 군중들은 예수를 못 박으라고 외치기 시작했습니다. 몹시도 성이 난 군중들은 예수를 죽이기로 작정한 것이 틀림없었습니다. 잠깐 사이에 바라바는 꿈도 꾸지 못했던 특사의 혜택을 받아 풀려나게 되었습니다. 한없이 선해 보이는 예수라는 랍비와 잠시 한 자리에 서게 된 덕분에 그는 죽음의 위기를 벗어나게 된 것입니다.

어쩌면 우리도 이 바라바와 같은 행운아가 아닐까요? 우리는 원래 하나님에게 반란을 일으킨 존재였습니다. 하나님을 삶의 주인으로 인정하지 않고, 우리를 위한 하나님의 아름다운 목적과 계획도 모른 채 살아가는 흠이 많은 존재였습니다. 이는 과녁에서 빗나간 화살이나 다름없습니다. 그리고 이렇듯 하나님의 목적에서 빗나간 상태를 성경에서는 죄라고 말합니다. 그 죄의 대가는 사망입니다. 죽음뿐입니다. 그런 우리가 어느 날 갑자기 특별 사면을 받았습니다. 바라바를 살리신 예수님이 우리를 위해 대신 죽으셨기 때문입니다. 우리가 당해야 할 죄의 대가인 고통과 수치를 당하고 죽으심으로 우리를 살리신 것입니다.

"그는 실로 우리의 질고를 지고 우리의 슬픔을 당하였거늘 우리는 생각하기를 그는 징벌을 받아 하나님께 맞으며 고난을 당한다 하였노라 그가 찔림은 우리의 허물 때문이요 그가 상함은 우리의 죄악 때문이라 그가 징계를 받으므로 우리는 평화를 누리고 그가 채찍에 맞으므로 우리는 나음을 받았도다 우리는 다 양 같아서 그릇 행하여 각기 제 길로 갔거늘 여호와께서는 우리 모두의 죄악을 그에게 담당시키셨도다"(사 53:4-6).

예수님의 체포 과정과 재판은 처음부터 끝까지 불법이었습니다. 하지만 예수님은 변명 한마디 하지 않으셨습니다. 자신의 때가 이르렀다는 것을 아셨기 때문입니다. 그래서 자신을 변호할 뿐 아니라 변화 산에서 보여 주셨던 것처럼 천사들에게 호위 받는 모습을 보여 줄 수도 있었고, 견딜 수 없는 십자가의 고통으로부터 벗어

날 수도 있었지만, 그 어느 것도 하지 않으셨습니다. 오직 온 인류를 구원하기 위해 자신의 죽음을 간절히 원하시는 하나님의 마음을 보고, 그 뜻에 순종하셨을 뿐입니다.

성경은 "여호와께서 그에게 상함을 받게 하시기를 원하사 질고를 당하게"(사 53:10a)하셨다고 말씀합니다. 여기에서 '원하다'에 해당하는 히브리어 원뜻은 '간절히, 애타게 원하다'입니다. 끝없이 죄를 향해 달려가고 끊임없이 하나님으로부터 돌아서는 우리를 영원히 심판과 죽음에서 건져 내기 위해 하나님은 예수님의 죽음, 곧 하나님 자신의 죽음을 그렇게도 간절히, 애타게 원하셨습니다.

이 순간은 이미 창세전부터 계획하신 바였습니다. 하나님의 지극한 사랑과 함께하심에도 불구하고 인간은 결국 스스로의 힘으로는 죄의 사슬을 끊을 수 없는 연약한 존재였습니다. 하나님은 인간을 사랑하십니다. 하지만 그분의 공의는 인간의 죄를 용납하실 수 없습니다. 마치 사람을 살리기 위해 몸속에 있는 암세포를 깨끗이 제거해야 하는 것처럼, 하나님은 우리를 살리기 위해 우리를 심판의 대상으로 몰고 가는 죄의 문제를 해결하셔야 했습니다.

그래서 예수님이 필요했습니다. 우리를 용서하시고자 하는 하나님에게는 성자 예수님의 십자가 죽음이 필요했습니다. 예수님의 십자가 위에서의 죽으심은 해 아래 인간들이 지은 모든 죄는 물론, 앞으로 인간들이 지을 모든 죄에 대한 소멸, 즉 하나님이 지으신 인간과 그 모든 것들의 죽음을 의미하는 것이자 죄를 통해 인간을 붙들고 있던 세상 권세의 죽음이었습니다.

예수님은 우리가 죽어야 할 바로 그 십자가 위에서 우리 대신 죽는 제물이 되사 우리를 수치와 고난으로부터 자유하게 해 주셨습니다. 우리를 사망에서 생명으로 옮겨 주셨습니다. 그리고 이렇게 말씀하셨습니다.

"세상에서는 너희가 환난을 당하나 담대하라 내가 세상을 이기었노라"(요 16:33b).

부활, 예수님과 함께, 예수님을 위해

기독교 역사 연구의 고전으로 손꼽히고 있는《기독교 선교사》(성광문화사 역간)에서 저자 스티븐 니일(Stephen Neil)은 중요한 질문을 던졌습니다.

"어떻게 해서 초대 교회가 2세기도 채 안 되어 로마 제국 전 지역에 퍼지게 되었을까? 어떻게 해서 기독교가 로마의 숱한 종교들 가운데서도 우뚝 선 종교가 되었을까?"

스티븐 니일이 찾아낸 가장 강력한 답은 바로 예수님의 부활에 대한 확신이었습니다. 예수님이 부활하셨다는 사실에 대해서는 그 당시 역사가들은 물론 이후 수많은 무신론자들과 반 기독교주의자들조차도 부인하지 않습니다. 완벽하게 죽으셨던 예수님은 실제로 사흘 만에 부활하셨고, 그 파장은 실로 엄청났습니다.

예수님의 부활은 그전까지 사람들을 지배하던 최고의 강력한 가치들을 무력하게 만들었습니다. 세상의 그 어떤 힘과 재물도 죽음을 막거나 죽은 자를 다시 살릴 수 없습니다. 그런데 하나님이 십자가 위에서 완전히 죽었던 예수님을 다시 살리심으로 그때까지 세상을 지배하던 힘의 논리를 영원히 물리치신 것입니다.

반면, 예수님을 잃고 실의에 빠져 있던 제자들은 오순절 날 마가의 다락방에서 놀라운 성령 체험을 한 뒤 완전히 새사람이 되었습니다. 이들은 어디서나 담대히 복음을 전했으며, 예수님의 명령에 전적으로 순종했고, 순교조차도 두려워하지 않았습니다.

"사도들이 큰 권능으로 주 예수의 부활을 증언하니 무리가 큰 은혜를 받아 그중에 가난한 사람이 없으니 이는 밭과 집 있는 자는 팔아 그 판 것의 값을 가져다가 사도들의 발 앞에 두매 그들이 각 사람의 필요를 따라 나누어 줌이라"(행 4:33-35).

이처럼 교회는 예수님의 부활에 의해 탄생되었고, 기독교 역시 예수님의 부활이 없이는 존재할 수 없습니다. 성경과 복음은 예수님에 관한 하나님의 계시라고 할 수 있는데, 좀 더 명확하게 말하면 예수님의 부활에 관한 계시입니다. 그러므로 복음을 믿는다는 것은 예수님의 부활을 믿는다는 것을 말합니다. 기독교 복음을 가장 잘 담고 있는 것으로 알려진 로마서에서 사도 바울은 복음을 이렇게 정의합니다.

"이 복음은 하나님이 선지자들을 통하여 그의 아들에 관하여 성경에 미리 약속하신 것이라 그의 아들에 관하여 말하면 육신으로는 다윗의 혈통에서 나셨고 성결의 영으로는 죽은 자들 가운데서 부활하사 능력으로 하나님의 아들로 선포되셨으니 곧 우리 주 예수 그리스도시니라"(롬 1:2-4).

사도 바울은 '복음은 하나님이 그의 아들에 관하여 하신 약속'이라고 못 박아 말하면서 예수님이 하나님의 아들로 선포된 근거가 '죽은 자들 가운데서 부활'했기 때문이라고 말합니다. 그런데 예수님의 부활은 그 자신을 위한 것이 아니었습니다. 예수님의 부활은 예수님과 함께 우리를 다시 살리시기 위한 것이었습니다. 부활 사건은 죄를 통해 뭇 영혼들을 제 것 삼으려는 세상에 대한 예수님과 하나님의 영원한 승리입니다.

그런데 우리의 삶에서는 왜 부활의 능력이 나타나지 않는 것일까요? 베드로도, 마가의 다락방에 있던 사람들도, 심지어 그리스도인을 죽이려고 기세가 등등했던 사울까지도 부활하신 예수님을 보고 회심한 후 그 삶이 180도 바뀌었는데, 우리는 예수님의 삶은 물론 이들의 증언과 삶을 다 보고도 왜 여전히 그대로일까요?

1956년, 에콰도르 살인 부족 아우카(Auca) 인디언들에게 복음을 전하러 갔다가 29세의 나이로 순교한 짐 엘리엇(Jim Elliot)은 예수님의 부활에 대해 이런 말을 남겼습니다.

"예수님의 부활이야말로 복음의 실제요, 핵심입니다. 복음을 진심으로 받아들인다는 것은 예수 그리스도의 죽음과 부활에 담긴 진정한 진리를 받아들인다는 것을 의미합니다. 즉, 예수님이 죽으실 때 우리는 모두 죽었음을 인정하는 동시에, 우리를 위해 죽고 다시 부활하신 분을 위해 살아야 한다는 사실을 인정하는 것입니다. 그 사실을 인정할 때 '예수 안에서 새롭게 태어난 생명'이 실제가 되기 때문입니다."

예수님의 부활에 대한 확신으로 불탔던 짐 엘리엇. 그가 미국 동부 명문 대학을 수석으로 졸업했을 때 사람들은 그가 사회에 상당한 영향력을 끼치는 훌륭한 인물이 될 것이라 기대했습니다. 그러나 그는 이미 대학 2학년인 19세에 이런 기도를 드리고 있었습니다.

"주님! 저를 성공하게 하소서.
높은 자리에 오르는 성공이 아니라,
제 삶이 하나님을 아는 가치를 드러내는 전시품이 되게 하소서.

하나님, 제가 감히 하나님께 기도합니다.
이 부족한 나무토막 같은 인생에 주님의 불을 붙여 주십시오.
제가 주를 위해 탈 수 있도록 나의 삶을 주께서 소멸시켜 주십시오.
이 몸은 주의 것입니다.
나는 오래 사는 것을 원치 않습니다.

완전하고 풍성한 삶을 원합니다.

바로 주님과 같이…”

이 기도대로 짐 엘리엇은 미전도 종족에게 복음을 전하는 선교사로 헌신한 뒤 네 명의 친구와 함께 에콰도르로 날아갔습니다. 그리고 잔인한 살인 부족으로 알려진 아우카 부족에게 복음을 전하기 위해 그들이 사는 마을을 찾아갔다가 그들이 던진 창과 도끼에 맞아 모두 순교했습니다.

당시 그들의 주머니에는 정글에서의 위험 상황에 대비해 호신용으로 갖고 다니던 권총이 있었습니다. 그 일행 중 한 명이었던 네이트 세인트(Nate Saint)는 출발 전 어린 아들이 ‘그 사람들이 공격해오면 방어를 할 것이냐’고 물었을 때 이렇게 대답했다고 합니다.

“아들아, 우리가 그 사람들에게 총을 쏠 수는 없단다. 그들은 아직 복음을 듣지도 못했잖니?”

그러자 아들은 그들이 죽이려고 달려들 때 말하라면서 한마디의 부족어를 가르쳐 주었습니다.

“우리는 당신들의 친구입니다.”

하지만 결국 그 말을 끝내기도 전에 이들은 아우카 부족의 창

끝에 찔려 숨졌습니다. 그들은 겨우 20대 후반에서 30대 초반의 젊은 청년들이었습니다. 세상은 그들의 죽음을 '무모하고 헛된' 것이었다고 일축했습니다.

하지만 얼마 후, 대부분 20대였던 순교자의 부인들은 겨우 한두 살밖에 되지 않은 자녀들을 이끌고 아우카 부족의 마을로 찾아갔습니다. 다행히 그 부족은 여자는 죽이지 않는 전통이 있어서 부인들은 간호사로 일하면서 그들과 더불어 살 수 있었습니다. 시간이 흐른 뒤, 아우카 부족 추장은 이 헌신적인 서양 여인들이 바로 몇 년 전 자신이 죽인 남자들의 아내인 것을 알게 되면서 그들의 사랑에 감동되어 온 마을 사람들과 함께 예수님을 영접했습니다. 그 이후 장성한 순교자의 후손들까지 다시 아우카 부족의 마을로 들어가면서 그 일대에 수없이 많은 교회가 세워졌습니다.

부활의 능력을 믿는다는 것은, 십자가의 죽음에서 출발해야 한다는 것을 믿는 것입니다. 의인의 죽음이자 누군가를 위해 죄 없이 죽는 '십자가의 죽음'만이 부활의 능력을 가능하게 한다는 사실을 믿는 것입니다.

또한 부활의 능력을 믿는다는 것은, 예수님의 부활로 인해 우리는 더 이상 세상에 속한 사람이 아니라, 예수님 안에, 하나님에게 속한 사람이 되었다는 것을 믿는 것입니다. 다시 말하면, 더 이상 세상의 성공 원리로는 우리의 삶을 털끝만큼도 바꿀 수 없다는 것을 믿는 것입니다.

그래서 예수님의 부활의 능력을 믿었던 수많은 제자와 성도들이 예수님처럼 십자가의 삶을 살았습니다. 사도 바울은 십자가 외에는 더 알지 않겠다고 말하며 고난을 기꺼이 감당하다가 순교했습니다. 초대 교회의 강력한 영적 지도자였던 베드로는 예수님과 같이 십자가에 매달릴 수 없다며 거꾸로 매달려 순교했습니다.

이 외에도 수많은 성도들이 기꺼이 죽음을 불사하고 복음을 전했습니다. 자신의 십자가 죽음이 자신은 물론 누군가의 삶에 '부활의 능력'을 가져온다는 사실을 믿었기 때문입니다. 이처럼 부활의 능력을 확신한 모든 사람들에게서 나타난 공통점은, 더 이상 죽음을 두려워하지 않게 되었다는 것입니다.

그런데 우리는 여전히 죽음을 두려워합니다. 그래서 어떻게든 '살아남으려고' 애씁니다. 십자가 죽음은 피하면서 부활의 능력만을 바랍니다. 나의 말 한마디, 행동 하나로 인해 하나님의 이름이야 어떻게 되든 상관없이 모든 선택의 최우선 순위가 언제나 '나'인 나는 과연 진정으로 부활의 능력을 알고, 믿는 사람일까요?

예수님의 부활에 담긴 참진리를 아는 사람, 그래서 그 부활의 능력이 내 삶 가운데 실제가 되기를 바라는 지혜로운 사람은 기쁨으로 십자가를 집니다. 기쁘게 누군가를 위해 땀을 흘리고, 대신 갚아 주며, 조건 없는 사랑과 희생을 선택합니다. '나의 만족'을 부추기는 사탄의 꾐에 반복적으로 넘어가지 않습니다. 인생을 변화시키고 세상을 바꾸는 놀라운 부활의 능력은 오직 십자가를 통해서만 온다는 것을 알기 때문입니다.

아마존 밀림의 한 부족을 찾아가려는 선교사가 있었습니다. 길잡이와 함께 위험스러운 여행을 떠났습니다. 길잡이는 무성한 나뭇가지들을 칼로 쳐내면서 앞으로 나아갔습니다. 그렇게 몇 시간을 갔는데도 길은 보이지 않았습니다. 불안했던 선교사가 물었습니다.

"도대체 길은 언제쯤 나오나요?"

길잡이가 대답했습니다.

"선교사님, 그 부족한테 가는 길은 따로 없습니다. 저만 믿고 따라오십시오. 제가 그 부족한테로 틀림없이 안내해 드리겠습니다."

밀림 속에 길은 따로 없었습니다. 길잡이가 곧 길이었습니다.

제자 도마가 하나님에게 가는 길을 물었을 때 예수님은 이렇게 답하셨습니다.

"내가 곧 길이요 진리요 생명이니 나로 말미암지 않고는 아버지께로 올 자가 없느니라"(요 14:6).

4

예수님과의 동행, 그리스도인

"복음에는 하나님의 의가 나타나서 믿음으로 믿음에 이르게 하나니 기록된 바 오직 의인은 믿음으로 말미암아 살리라 함과 같으니라"(롬 1:17).

회개, 하나님에게로 돌이키다

루터의 도시라 불리는 독일 비텐베르크에 가면 500여 년 전 유럽 교회를 흔들었던 종교 개혁가 마틴 루터(Martin Luther)의 삶을 생생하게 만날 수 있습니다. 그중에서도 마틴 루터가 95개조의 반박문을 내걸었던 비텐베르크 성 청동문에는 95개조의 반박문 전체 내용이 새겨져 있습니다.

중세 교회의 수도사였던 루터는 로마서 묵상을 통해 죄의 문제가 인간의 노력이 아닌 오직 하나님의 은혜로만 해결될 수 있다는 것을 깨닫고, 당시 성 베드로성당 건축을 빌미로 엄청난 돈을 치부하던 교회의 면죄부 남발에 대해 95개조에 걸쳐 부당함을 외쳤습니다.

1. 우리의 주 예수 그리스도께서 '회개하라'고 말씀하셨을 때, 그 분께서는 믿는 자의 삶 전체가 회개하는 생활로 이루어지길 바라셨다.
2. 이 말씀은 고백 성사, 즉 고해와 속죄가 사제에 의해 집행되어야 한다는 의미로 받아들일 수 없다.
3. 하지만 이 말씀은 단지 마음으로만 회개하라는 뜻은 아니다. 그처럼 진심으로 행한 회개를 통해 육욕에 대한 금욕적 생활 태도가 몸에 잘 배어나지 않는다면 아무런 소용이 없다.

이렇게 시작되는 루터의 반박문은 종교 개혁과 같은 큰 문제를 다룬 게 아니었습니다. 처음부터 끝까지 타락한 교회의 '회개'를 촉구하는 내용이었습니다. 그런데 이 '회개'의 외침에 흔들린 유럽 교회의 각성이 결국 개혁과 변화로 나아가게 되었던 것입니다.

이 반박문의 처음에 인용된 말씀은 마태복음 4장 17절로서, 예수님이 공생애를 시작하시면서 세상을 향해 던진 첫 번째 메시지였습니다. "회개하라 천국이 가까이 왔느니라."

예수님은 구약 시대의 이사야, 말라기 등 숱한 선지자들이 예언했던 메시아, 즉 우리를 회개하게 하사 하나님에게로 돌아오게 하려고 오신 '천국' 그 자체였습니다. 동시에 이 외침은 구약의 마지막 선지자라 할 수 있는 세례 요한의 메시지이기도 했습니다. 즉, 구약의 마지막과 신약의 처음이 '회개하라'는 메시지로 연결되어 있습니다. 그만큼 하나님과의 관계에서 회개가 중요하다는 사실을 반증하는데, 이 정도로 중요한 회개에 대해서 우리는 얼마나 정확하게 알고 있습니까?

먼저, 회개란 헬라어로 '메타 노이어'(동사는 메타 노에오)라 하는데, 이는 '뒤에, 후에'라는 뜻의 '메타'와 '깨닫다'의 명사형인 '노이어'의 합성어로서 '나중에 깨닫다, 후에 인지하다'라는 의미를 갖습니다. 즉, 회개란 '마음의 변화'이자 사고방식의 전환을 말합니다. 이 단어를 성경적으로 해석하면, '세상 중심에서 하나님 중심으로 마음과 생각이 변하는 것'을 의미합니다. 그러므로 회개는 한 번 했다고 끝나는 게 아니라, 계속된 회개를 통해 마음과 생각이 정결해지는 것이자, 죄에 더욱 민감해져서 계속적인 회개의 필요성을 깨달아 끝없이 자신을 돌아보고 경계하는 것을 말합니다.

성경에서도 구약과 신약 전체에서 수십 번에 걸쳐 회개에 관해 이야기하고 있습니다. 사실 구약의 수많은 선지서들은 하나님으로부터 등 돌린 이스라엘의 회개를 촉구하는 편지라 해도 과언이 아닙니다. 하나님은 선지자 호세아를 통해 "그들이 그 죄를 뉘우치고 내 얼굴을 구하기까지 내가 내 곳으로 돌아가리라 그들이 고난 받을 때에 나를 간절히 구하리라"(호 5:15)고 말씀하셨습니다. 또한 에스겔을 통해서는 "악인이 만일 그가 행한 모든 죄에서 돌이켜 떠나 내 모든 율례를 지키고 정의와 공의를 행하면 반드시 살고 죽지 아니할 것이라"(겔 18:21)고 말씀하셨습니다.

앞의 말씀에서 공통적으로 볼 수 있듯이, 성경에서 회개를 강조하는 이유는 회개가 천국, 즉 생명과 직결되어 있기 때문입니다.

심지어 사도행전에서는 '생명을 얻는 회개'라고 말하기도 합니다.

"그들이 이 말을 듣고 잠잠하여 하나님께 영광을 돌려 이르되 그러면 하나님께서 이방인에게도 생명 얻는 회개를 주셨도다"(행 11:18).

그런데 이 회개의 문제는 믿음이 없는 사람들만의 문제가 아닙니다. 사도 요한은 교회에 보낸 편지의 곳곳에서 이 회개의 문제를 중요하게 다루고 있습니다. 회개는 믿음이 있는 자들에게도 매우 심각한 문제였기 때문입니다.

"만일 우리가 죄가 없다고 말하면 스스로 속이고 또 진리가 우리 속에 있지 아니할 것이요 … 만일 우리가 범죄하지 아니하였다 하면 하나님을 거짓말하는 이로 만드는 것이니 또한 그의 말씀이 우리 속에 있지 아니하니라"(요일 1:8, 10).

하나님을 믿는 성도라 해도 깨끗한 의인일 수는 없습니다. 그리고 하나님에게 쓰임 받는 사역자라 해도 죄의 어둠 속에 빠질 수 있습니다. 사실 믿음이 성숙할수록 죄의식도 더욱 민감해집니다. 아무리 작은 죄라도 안에 계신 성령님이 근심하고 계시다는 것을 감지하게 됩니다. 사도 바울도 자신을 가리켜 '지극히 작은 자'라고 하다가 나중에는 아예 '죄인 중의 괴수'라고 고백했습니다. 그래서 "나는 날마다 죽노라"(고전 15:31)고 탄식했던 것입니다. 자신의 몹쓸 자아가 예수님과 함께 십자가에 이미 못 박혀 죽었음을 날마다 인정하고 믿었다는 뜻입니다. 그만큼 죄에 대해 더 깊이 인식했던 것입니다.

성령님 안에서 보면 우리의 삶 전체가 죄, 곧 회개의 대상입니다. 분을 품는 것도 죄이며, 시기하고 질투하는 것도 죄입니다. 형제를 미워하면 살인죄요, 심지어 형제를 적극적으로 사랑하지 않는 것도 죄입니다. 겉으로 드러나지 않아도, 그래서 사람들에게 들키지 않았어도 마음에 잠시 나쁜 생각이 스쳐 지나갔다면 그 생각만으로도 죄입니다. 하나님의 뜻을 묻지 않고 그냥 살아가는 것도 죄입니다. 하나님의 말씀과 뜻을 따라 순종하지 못하는 것도 죄지만, 하나님을 신뢰하지 못하는 불신앙도 죄인 것입니다.

우리를 둘러싸고 있는 문제를 생각하면 마음이 불안하고 염려가 밀려오곤 합니다. 그런데 빛 되신 하나님이 우리에게 은혜의 약속을 주십니다.

"그 아들 예수의 피가 우리를 모든 죄에서 깨끗하게 하실 것이요 … 만일 우리가 우리 죄를 자백하면 그는 미쁘시고 의로우사 우리 죄를 사하시며 우리를 모든 불의에서 깨끗하게 하실 것이요" (요일 1:7b, 9).

우리가 입으로 자백하며 하나님에게로 돌이키면, 우리의 죗값을 지불하신 예수 그리스도로 인해 하나님이 우리를 깨끗하게 용서하신다는 약속입니다. 그러므로 하나님에게로 삶을 돌려 하나님이 기뻐하시는 사람이 되라는 뜻입니다.

사도 바울이 "그러므로 이제 그리스도 예수 안에 있는 자에게는 결코 정죄함이 없나니"(롬 8:1)라고 말한 것처럼, 한 번 돌이켜 하나님의 자녀가 된 신자들에게는 정죄함이 없습니다. 하나님은 이미 자녀가 된 우리를 결단코 정죄하거나 버리지 않으십니다. 그러나 우리를 회개로 이끌기 위해 징계는 하십니다. 이는 우리를 사랑하시기 때문입니다.

"무릇 내가 사랑하는 자를 책망하여 징계하노니 그러므로 네가 열심을 내라 회개하라"(계 3:19).

가장 무서운 것은 그냥 내버려 두시는 것입니다. 영원히 정신 차리지 못하고 아주 망해 버리기 때문입니다. 우리에게 시련과 고통이 있다는 것은 하나님이 사랑하신다는 뜻입니다. 혹시 환난과 시련을 만났습니까? 그것은 하나님이 당신을 버리지 않으셨다는 뜻입니다. 도리어 당신을 사랑하고 계시다는 뜻입니다. 그러므로 기뻐하며 하나님에게로 돌이켜 회개의 자리로 나아가야 합니다.

하나님의 마음에 누구보다도 민감했던 다윗은 그만큼 죄의 문제에 대해서도 민감했습니다. 동시에 회개를 통해 회복되는 축복과 은혜에 대해서도 잘 알고 있었습니다. 그는 어떤 상황에서도 하나님에게로 돌이킬 줄 아는 회개의 사람이었습니다.

"허물의 사함을 받고 자신의 죄가 가려진 자는 복이 있도다 마음에 간사함이 없고 여호와께 정죄를 당하지 아니하는 자는 복이 있도다 내가 입을 열지 아니할 때에 종일 신음하므로 내 뼈가 쇠하였도다 주의 손이 주야로 나를 누르시오니 내 진액이 빠져서 여름 가뭄에 마름같이 되었나이다 내가 이르기를 내 허물을 여호와께 자복하리라 하고 주께 내 죄를 아뢰고 내 죄악을 숨기지 아니하였더니 곧 주께서 내 죄악을 사하셨나이다"(시 32:1-5).

천국이 가까이 왔으니 회개하라고 외치며 세상 가운데서 사역을 시작하신 예수님은 가는 곳마다 사람들을 용서하며 죄의 문제를 해결해 주셨습니다. 회개가 없이는 하나님에게 나아갈 수 없기 때문입니다. 예수님은 '회개'를 통해 하나님 백성의 마음을 하나님에게로 돌이키기 위해 '화해자'로 오셨습니다. 그래서 신약의 시작인 예수님의 메시지는 회개로 시작하고 있는 것입니다.

다윗의 고백처럼, 죄를 용서받는다는 것은 그 어떤 것과도 비교할 수 없는 축복이자 감격입니다. 그러므로 성령님의 도우심을 구하며 상한 심령과 감춰 왔던 부끄러움을 들고 하나님 앞에 나아가야 합니다. 그리고 진심으로 자복하고 회개해야 합니다. 그러면 선하신 여호와 하나님은 언제나 우리를 용서하시며, 닫혔던 축복과 평안과 기쁨의 문을 열어 주십니다.

믿음, 예수님이 우리에게 찾으시는 단 하나

예루살렘에서 2킬로미터 남짓 떨어진 작은 마을 베다니에는 예수님의 가장 친한 친구였던 나사로와 그의 두 누이 마르다와 마리아가 살았습니다. 예수님은 이 가정을 자주 방문하곤 하셨는데, 어느 날부턴가 나사로가 시름시름 앓기 시작하더니 급기야 사경을 헤매는 상황이 되었습니다.

마르다와 마리아의 희망은 오직 예수님뿐이었습니다. 다 죽어 가는 왕의 신하의 아들을 고치시고 38년 된 하반신 불구자를 걷게 하신 예수님, 날 때부터 볼 수 없게 된 자를 눈 뜨게 하시고, 떡 다섯 덩이와 물고기 두 마리로 오천 명을 먹이신 예수님, 모든 질병과 모든 장애를 고치고 회복시켜 주신 예수님만 오신다면 나사로 역시

나을 수 있다고 생각했습니다. 이 가정과 예수님과의 각별한 관계를 알고 있었던 마을 사람들도 당연히 예수님이 오셔서 나사로를 낫게 해 줄 것이라 기대하고 있었습니다.

다행히 예수님은 마을에서 하룻길 거리에 계셨습니다. 그래서 마르다와 마리아는 즉시 예수님에게 사람을 보내어 '사랑하시는 자가 병들었다'고 소식을 전합니다. 그러면서 그들은 예수님이 소식을 듣는 즉시 달려오실 것이라 기대했습니다. 하지만 예수님은 오시지 않았고, 급기야 나사로는 세상을 떠나고 맙니다. 그 소식을 듣고도 예수님은 오시지 않았습니다.

예수님이 오신 것은 나사로가 죽은 지 나흘이나 지난 뒤였습니다. 너무도 늦게 오신 것입니다. 너무도 간절히 기다렸던 마르다는 예수님에게 달려가 "주께서 여기 계셨더라면 내 오라버니가 죽지 아니하였겠나이다"(요 11:21) 하며 원망을 쏟아 냅니다. 이 말을 다르게 표현하면, 예수님이 오시지 않아서 나사로가 죽었다는 뜻입니다. 성경은 이 말에 예수님이 비통해하셨다고 말씀합니다.

때로는 우리의 기도에 주님이 침묵하실 때가 있습니다. 주님의 침묵이 우리를 버리셨다는 뜻일까요? 아닙니다. 우리는 예수님의 행보에서 다른 사실들을 발견할 수 있습니다.

"예수께서 본래 마르다와 그 동생과 나사로를 사랑하시더니 나사로가 병들었다 함을 들으시고 그 계시던 곳에 이틀을 더 유하시고"(요 11:5-6).

예수님은 나사로가 위독하다는 소식을 듣고도 바로 달려가지 않으셨습니다. 그것은 '부활'이라는 더 큰 축복과 기적을 베풀어 주시기 위함이었습니다. 동일하게, 하나님이 우리의 기도와 간절한 바람에 침묵하시는 것은 우리가 생각하는 것보다 더 큰 하나님의 섭리와 목적이 있기 때문이며, 더 큰 사랑을 보여 주시기 위함임을 기억해야 합니다.

그럼에도 불구하고 마르다는 '자기가 기대한 기한보다 늦게 오셨다는 이유로' 사람들이 보는 앞에서 예수님을 원망합니다. 가장 가까운 친구의 힐난을 받은 예수님은 슬퍼하셨습니다. 그런데 마르다는 원망에서 멈추지 않았습니다. 나사로가 살아날 것이라는 예수님의 놀라운 말씀에도 불구하고 '원망'하는 마음의 짙은 어둠 때문에 마르다는 그 축복에 감사하기는커녕 "마지막 날 부활 때에는 다시 살아날 줄을 내가 아나이다"(요 11:24) 하며 빈정거렸습니다.

사람의 부활은 기적 중에서도 기적입니다. 예수님의 계획은 단순히 병든 나사로를 고쳐 주시는 정도가 아니라, 나사로가 완전히 죽은 뒤, 모든 희망이 사라진 후에 다시 부활시켜 주심으로써 하나님의 영광을 보게 해 주려는 것이었습니다. 그런데 마르다는 절망과 원망하는 마음에 갇혀 예수님이 말씀하신 부활의 의미를 제대로 깨닫지 못했습니다. 예수님은 마르다를 보며 안타깝게 여기시며 다시 말씀하셨습니다.

"나는 부활이요 생명이니 나를 믿는 자는 죽어도 살겠고 무릇 살아서 나를 믿는 자는 영원히 죽지 아니하리니 이것을 네가 믿느냐"(요 11:25-26).

이날 예수님은 결국 눈물을 흘리셨습니다. 그 눈물은 안타까움의 눈물, 긍휼의 눈물입니다. 사망 권세에 짓눌려 하나님의 능력을 믿지 못하는 마르다와 베다니 마을 사람들, 그리고 온 인류를 향한 눈물이었습니다.

간절한 기도에도 불구하고 전혀 변하지 않는 상황에 금방이라도 숨이 막혀 죽을 것 같다 할지라도 예수님이 우리를 버리신 것은 아닙니다. 나사로의 무덤 앞에서 눈물을 흘리신 예수님이 고통스러워하는 나와 함께 눈물을 흘리고 계십니다. 그리고 우리를 짓누르고 있는 사망 권세에 종지부를 찍어 주십니다. "나사로야 나오라"(요 11:43).

예수님의 음성을 듣고 나사로는 다시 살아났습니다. 그렇게 우리도 살아날 것입니다. 대입에 실패한 순간 대학 합격이라는 나사로는 죽었습니다. 하지만 하나님은 우리를 다른 방법으로 놀랍게 살려 내실 것입니다. 자녀나 가족이 영적인 어둠 속에서 방황할 때 우리의 나사로는 죽었습니다. 하지만 예수님은 더 큰 은혜와 축복으로 우리에게 나사로를 돌려주실 것입니다. 이처럼 우리가 철석같이 믿고 의지하는 '나사로'를 취하고 우리를 위한 더 큰 계획과 은혜로 다가오시는 하나님이 우리에게 원하시는 것이 있습니다. 오직 '믿음'입니다.

"인자가 올 때에 세상에서 믿음을 보겠느냐"(눅 18:8).

기도, 은혜를 구하는 간절한 외침

서기 331년, 로마 변방의 북아프리카 누미디아의 한 가난한 가정에 아들이 태어났습니다. 비록 가난한 가정이었으나 아버지와 어머니는 경건한 신앙을 갖도록 가르쳤습니다. 그러나 아들은 자꾸만 삐뚤어졌습니다. 열여섯 살에 카르타고에서 유학을 한 이후에는 완전히 방탕해져서 여자와 동거해 아이까지 낳더니, 얼마 뒤에는 진리를 찾겠다며 마니교에 입문해 9년 동안이나 빠져 살았습니다. 이후 신플라톤주의 철학과 수사학 전문가가 된 아들은 나이 갓 서른에 밀라노대학의 수사학 교수가 되었습니다.

점점 하나님과 더욱 멀어져만 가는 아들을 지켜보던 어머니는 당시 유럽의 영적 지도자였던 밀라노 성당의 암브로시우스

(Ambrosius) 감독을 찾아가 눈물로 호소했습니다.

"하나님이 제 아들을 영영 버리셨나 봅니다. 아들이 하나님에게 돌아오기를 10년이나 기도했는데, 변화는커녕 점점 더 멀어지고 있습니다."

암브로시우스 감독은 이렇게 위로했습니다.

"너무 염려하지 마십시오. 낙심하지도 마십시오. 눈물로 기도하는 어머니가 있는 아들은 결코 망하지 않습니다. 계속 기도하십시오."

그즈음 아들은 한 수도원에 관한 이야기를 듣게 됩니다. 학식도 없는 사람이 수도 생활을 통해 고결한 삶을 사는 모습을 보고 그는 자신의 지적인 교만과 도덕적인 타락에 부끄러움을 느끼며 눈물을 흘렸습니다. 그런데 그때 '취하여 읽으라'(Take it up and read)는 동네 아이들의 노랫소리가 들려왔습니다. 성경을 취해서 읽으라는 음성으로 받아들인 아들은 집으로 들어가 성경을 펼쳤습니다. 그때 그의 눈에 들어온 말씀은 "낮에와 같이 단정히 행하고 방탕하거나 술 취하지 말며 음란하거나 호색하지 말며 다투거나 시기하지 말고 오직 주 예수 그리스도로 옷 입고 정욕을 위하여 육신의 일을 도모하지 말라"는 로마서 13장 13-14절 말씀이었습니다.

순간 '하나님의 음성'이라고 생각한 아들은 회심한 후 위대한 기독교 사상가가 되었습니다. 그가 바로 《고백록》을 쓴 성 어거스틴입니다. 하나님은 믿음으로 드리는 어머니의 간절한 기도를 들어주신 것입니다.

여리고 성에서 예루살렘으로 향하는 길가에 앞을 보지 못하는 거지가 앉아 있었습니다. 그의 이름은 바디매오로, '명예'라는 뜻을 가진 디매오라는 사람의 아들입니다. 아버지는 그의 이름에 걸맞은 고귀한 삶을 살았는지 알 수 없지만, 바디매오의 삶은 비참하기 짝이 없었습니다. 빛이 완전히 차단된 그의 눈처럼, 그의 삶에도 어둠이 짙었습니다. 명예라고는 전혀 찾아볼 수가 없었습니다.

바디매오가 그 길에 앉아 있었을 때는 마침 유월절 즈음이었습니다. 해마다 유월절이 오면 이스라엘 사람들은 시온 산의 예루살렘 성전으로 순례 길을 나섭니다. 유월절은 애굽에서 노예로 살던 조상들을 하나님이 해방시켜 주신 날을 기념하는 절기로서, 각 집안의 장자를 죽이는 무시무시한 죽음의 사자가 이스라엘 백성의 집을 치지 않고 유월(pass over), 즉 그냥 넘어간 사건을 기념하는 날입니다. 노예였던 이스라엘 민족의 삶에 눈부신 해방의 빛을 가져다준 축제일인 것입니다. 그러나 바디매오의 인생은 그 빛을 전혀 느낄 수가 없었습니다.

이 유월절이 다가오면 흩어져 사는 이스라엘 사람들이 원근 각지에서 예루살렘 성전으로 모여들어 예루살렘은 인산인해를 이룹니다. 역사가들은 예수님 당시 예루살렘 성의 인구가 약 10만 명 정도였고, 유월절에 몰려드는 인파는 최소 20만 명은 되었을 것이라 추측합니다. 여관은 순례자들로 만원을 이루고, 숙소를 구하지 못한 순례자들은 거리에서 장막을 펼쳐 놓고 잠을 잡니다. 예루살렘 거리는 거의 포화 상태입니다.

여리고 성은 로마의 안토니우스가 클레오파트라에게 선물로 바쳤다는 아름다운 성입니다. 헤롯 왕도 이곳에 겨울 궁전을 지었습니다. 사막 한가운데 있었지만 주변에 오아시스가 있는 최고의 휴양지였기에 사람들의 삶도 윤택한 편이었습니다. 하지만 바디매오는 아름다운 여리고 성을 볼 수 없을 뿐 아니라, 여리고 성의 윤택함도 그의 삶과는 거리가 먼 얘기였습니다. 그의 삶을 덮은 어둠은 너무도 짙었습니다.

그런데 그때 바디매오의 귀에 나사렛 예수님이 지나가신다는 소리가 들려왔습니다. 많은 무리가 지나가며 나사렛 예수의 이름을 부르고 있었습니다. 보이지는 않았지만, 예수님이 지나가시는 게 틀림없었습니다. 이를 확신한 바디매오는 "다윗의 자손 예수여 나를 불쌍히 여기소서"(막 10:47) 하며 큰 소리로 외치기 시작했습니다.

세상은 여러 가지 호칭으로 예수님을 부르고 있었습니다. 랍비라고도 하고 선지자라고 부르기도 했습니다. 바디매오가 들은 호칭은 나사렛 예수였습니다. 그러나 그는 예수님을 나사렛 예수가 아닌 '다윗의 자손'이라 불렀습니다. 이는 '다윗의 자손'으로 오신 메시아라는 뜻입니다. 비록 행색이 초라하고 앞도 보지 못했지만, 그는 예수님에 관한 수많은 이야기와 소문을 들으며 '이분이야말로 메시아가 틀림없다'고 생각했던 것입니다. 그리고 그 메시아에게 오직 하나, 긍휼을 구하고 있었습니다.

하나님은 일찍이 예레미야의 입을 통해 말씀하셨습니다.

"여호와의 말씀이니라 너희를 향한 나의 생각을 내가 아나니 평안이요 재앙이 아니니라 너희에게 미래와 희망을 주는 것이니라 너희가 내게 부르짖으며 내게 와서 기도하면 내가 너희들의 기도를 들을 것이요 너희가 온 마음으로 나를 구하면 나를 찾을 것이요 나를 만나리라"(렘 29:11-13).

그때 예수님은 제자들을 포함한 많은 무리와 함께 그 길을 지나고 계셨습니다. 수많은 사람들의 환호와 들뜬 목소리 등 엄청난 소음에 둘러싸여 계셨을 것입니다. 그런데 문득 이상한 소리가 들려왔습니다. 예수님을 둘러싼 무리 밖에서부터 들려오는 절박한 외침, 있는 힘을 다해 '다윗의 자손'을 부르는 소리가 들려온 것입니다. 사람들이 시끄럽다고 타박을 해도 아랑곳없이 오직 예수님 한 분만을 향한 간절한 외침에 예수님은 걸음을 멈추셨습니다. 그리고 그를 데려오게 하셨습니다. 그 말을 전해들은 바디매오는 '겉옷'을 내버리고 '뛰어' 일어났습니다.

예수님은 그렇게 다가오는 바디매오를 보고 계셨습니다. 그는 예수님의 부름에 잠시도 지체하지 않았습니다. 겉옷마저 내버렸습니다. 거지에게 겉옷은 먼지와 비와 추위를 막아 주는 생존의 방패입니다. 그럼에도 불구하고 바디매오는 예수님을 만났으니 더 이상 필요한 게 없다는 듯 빈손으로 나아오고 있었습니다. 그렇게 나아온 바디매오에게 예수님은 "네게 무엇을 하여 주기를 원하느냐"(막 10:51a) 하고 물으셨습니다.

묻지 않아도 예수님은 그 마음의 소원을 아십니다. 그와 마주 앉지 않고도 그를 고쳐 주실 수 있습니다. 그러나 예수님은 그의 입을 통해 직접 소원을 듣기 원하셨습니다. 이는 매우 중요한 부분입니다. 하나님도 우리의 소원을 아십니다. 기도하지 않아도 얼마든지 역사하실 수 있습니다. 그러나 하나님은 우리가 간절히 기도로 구할 때 기쁘게 응답해 주기를 원하십니다.

바디매오는 자신의 간절한 소원을 말했습니다. "선생님이여 보기를 원하나이다"(막 10:51b). 그는 들어 달라고 말한 것이 아닙니다. 그는 예수님에게 자신의 소원을 말하면 이루어질 줄을 믿었습니다. 예수님이 '다윗의 자손'으로 오신 메시아임을 믿고 있었기 때문입니다. 예수님은 그 믿음을 보시고는 "가라 네 믿음이 너를 구원하였느니라"(막 10:52a) 하고 말씀하셨습니다. 그러자 "그가 곧 보게 되어 예수를 길에서"(막 10:52b) 따랐습니다.

만일 눈앞에 예수님이 지나가신다면 어떻게 하겠습니까? 당신은 바디매오처럼 예수님을 간절히, 온 힘을 다해 부를 수 있습니까? 그렇게 부를 만큼 예수님만이 우리 삶의 빛이요, 길이요, 생명이심을 믿고 있습니까? 예수님의 걸음을 멈추게 한 것은 바디매오의 그 믿음의 외침, 믿음의 기도였습니다.

용서, 일곱 번씩 일흔 번이라도

스페인을 무대로 한 헤밍웨이(Ernest Hemingway)의 단편소설 '*The Capitol of the World*'(세속의 신전)에는 아버지의 가슴에 대못을 박고 가출하는 아들이 등장합니다. 아버지는 고통스러운 세월을 보내다 마침내 아들을 용서하고 화해하기로 결심한 후 일간지에 '파코야, 모든 것을 용서한다. 그러니 오는 화요일 정오에 몬타나 호텔에서 만나자'라는 내용의 광고를 냈습니다. 약속 장소에 나간 아버지에게 무슨 일이 기다리고 있었을까요? 약속 장소에는 무려 800여 명이나 되는 '파코'라는 이름을 가진 젊은이들이 몰려와서 저마다 자기를 용서해 줄 아버지를 기다리고 있었습니다. 참고로 '파코'는 당시 스페인에서 아주 흔한 이름이었습니다.

이 해프닝을 통해 헤밍웨이는 사람의 심층 깊은 곳에 존재하는 '용서와 화해'의 갈망을 보게 합니다. 동시에 용서와 화해를 하지 못하는 사람이 겪어야 하는 고통에 대해서도 이야기하고 있습니다.

사실 헤밍웨이는 어머니와 사이가 좋지 못했습니다. 음악가였던 어머니는 아버지와 자주 부부 싸움을 했는데, 아버지는 심하게 잔소리를 해 대는 어머니를 피해 늘 밖으로 나돌곤 했습니다. 어머니는 또 어린 헤밍웨이를 계집아이처럼 꾸며서 데리고 나가는 걸 좋아했습니다. 그때마다 헤밍웨이는 수치심을 겪어야 했고, 이 때문에 평생 어머니를 싫어하게 되었습니다. 심지어 나이 들어 어머니가 돌아가셨을 때에도《노인과 바다》를 마무리해야 한다는 핑계로 돈만 부치고 가지 않았습니다. 어머니와 화해하지 못한 채 이별했던 것입니다. 이런 헤밍웨이의 남모를 고통을 그의 작품에서 엿볼 수 있습니다.

주기도문을 암송할 때마다 우리를 유난히 곤혹스럽게 하는 구절이 있습니다. 바로 "우리가 우리에게 죄지은 자를 사하여 준 것 같이"라는 구절입니다. 그다음 구절이 "우리 죄를 사하여 주옵시고"라고 되어 있기 때문입니다. 하나님에게 용서해 달라고 간구하기 위해서는 우리가 다른 사람을 용서해야 한다는 뜻입니다. 이 기도문을 제자들에게 가르쳐 주신 예수님은 이 부분에 대해 한 번 더 강조해서 말씀하셨습니다.

"너희가 사람의 잘못을 용서하면 너희 하늘 아버지께서도 너희 잘못을 용서하시려니와 너희가 사람의 잘못을 용서하지 아니하면 너희 아버지께서도 너희 잘못을 용서하지 아니하시리라"(마 6:14-15).

하나님에게 죄를 용서받기 위해서는 우리도 용서해야 한다는 것입니다. 무조건적인 하나님의 사랑과 용서가 이 부분에서는 무척이나 엄하게 다가옵니다.

보통 성경에 등장하는 '죄'라는 단어는 '과녁을 빗나가다'라는 뜻의 헬라어 '하마르티아'입니다. 화살이 표적에서 벗어나는 것처럼 목적으로부터 빗나갈 때 쓰는 단어입니다. 인간이 아무리 선하고 훌륭해 보여도 하나님이 세워 놓으신 계획이나 목적으로부터 이탈된 삶을 살고 있다면 본질적으로 죄라는 의미이며, 보통 하나님에 대해 지은 죄를 말할 때 사용합니다.

그런데 예수님이 '용서'에 대해 말씀하실 때 사용된 '죄'라는 단어는 '하마르티아'가 아닌 '오페이레마타'입니다. 이는 '-로부터 떨어지다, -옆에 떨어지다'라는 뜻으로, 실수, 범죄, 과오와 과실, 넓게는 일종의 빚을 말합니다. 그러니 주기도문에 나오는 '용서'는 이런 뜻도 됩니다. '우리가 우리에게 빚진 사람의 빚을 탕감해 주었으니, 우리가 하나님에게 진 빚도 탕감해 주옵시고.' 그러므로 여기에서 말하는 죄는 하나님 앞에서의 본질적인 죄가 아닌, 일상에서 빚어지는 구체적인 죄를 가리킵니다. 하나님의 용서를 구하는 것만큼이나 이웃을 용서하는 것이 중요하다고 말씀하시는 것입니다.

베드로가 예수님에게 용서에 관해 물은 적이 있습니다.

"주여 형제가 내게 죄를 범하면 몇 번이나 용서하여 주리이까 일곱 번까지 하오리이까 예수께서 이르시되 네게 이르노니 일곱 번뿐 아니라 일곱 번을 일흔 번까지라도 할지니라"(마 18:21-22).

언제나 끝까지, 깨끗이 용서해 주라는 뜻입니다. 예수님은 이렇게 대답하신 후 빚을 탕감 받은 종의 이야기를 들려주셨습니다. 주인에게 1만 달란트라는 어마어마한 빚을 탕감 받은 종이 자신에게 100데나리온을 빚진 친구에게 빚 독촉을 합니다. 그러자 이 소식을 들은 주인이 종을 불러 "악한 종아 네가 빌기에 내가 네 빚을 전부 탕감하여 주었거늘 내가 너를 불쌍히 여김과 같이 너도 네 동료를 불쌍히 여김이 마땅하지 아니하냐"(마 18:32-33) 하고 얘기합니다. 그러면서 그가 자신에게 진 빚을 다 갚도록 그를 옥졸들에게 넘겨 버립니다.

당시 노동자의 일당이 한 데나리온입니다. 그리고 6천 데나리온이 한 달란트입니다. 그러니까 대략 20년 동안 번 돈을 한 푼도 쓰지 않아야 한 달란트를 모을 수 있습니다. 그런데 1만 달란트는 20년 곱하기 1만입니다. 자자손손 몇 대가 다 함께 갚아도 갚을 수 없는 큰돈입니다. 갚을 수 있는 유일한 길은 주인의 빚 탕감뿐입니다. 예수님은 지금 제자들에게 '너희가 바로 죽을죄를 용서받은 종, 1만 달란트를 탕감 받은 종'이라고 말씀하고 계신 것입니다.

엄청난 은혜나 행운을 만난 사람은 소소한 손해를 감수하면서 자신에게 작은 실수한 사람을 용서할 수 있게 됩니다. 그런데 만일 그런 이웃을 용서해 주지 않는다면, 하나님의 용서를 제대로 경험하지 못했거나 용서의 은혜를 잊어버렸기 때문입니다. 그런 사람은 예수님이 말씀하신 바로 그 배은망덕(背恩忘德)한 종과 같은 사람이 됩니다.

"하나님의 성령을 근심하게 하지 말라 그 안에서 너희가 구원의 날까지 인 치심을 받았느니라 너희는 모든 악독과 노함과 분 냄과 떠드는 것과 비방하는 것을 모든 악의와 함께 버리고 서로 친절하게 하며 불쌍히 여기며 서로 용서하기를 하나님이 그리스도 안에서 너희를 용서하심과 같이 하라"(엡 4:30-32).

우리는 남을 용서할 때에야 비로소 우리가 죄로부터 영원히 용서받은 하나님의 자녀라는 것을 세상 가운데 보일 수 있습니다. 예수를 따라 사는 사람, 곧 성령을 받은 사람이라는 것을 증거할 수 있습니다. 다른 사람을 용서함으로 나도 용서를 받는 용서의 선순환으로 나와 죄로부터의 자유함으로 나아가는 이가 참성도입니다.

고난, 답이 없이 사는 것

미국 듀크대학교의 신학과 교수 스텐리 하우어워스(Stanley Hauerwas)에겐 심한 조울증을 앓는 아내가 있었습니다. 아내와 함께 사는 동안 그는 늘 고통과 씨름해야 했습니다. 아내가 세상을 떠난 뒤 사람들은 그에게 '어떻게 그런 고통을 견디며 살았느냐'고 물었습니다. 그 질문에 그는 이렇게 대답했습니다.

"사람들은 제가 고통에 대해 어떤 해답을 갖고 있을 것이라 짐작합니다. 그러나 저는 전혀 알지 못합니다. 제가 신학자로 살면서 배운 것이 있다면, 우리가 고통의 원인이나 해결에 대해 답을 구하려 하지 말아야 한다는 것입니다. 그리스도인은 해답 없이도 고통을 살아 내는 사람입니다. 해답을 모른 채 주어진 삶을 살아 내는 것이 바로 믿음입니다."

이 말을 생각할 때마다 고난을 통해서 성숙한 그리스도인의 모습을 보게 됩니다. 성 어거스틴은 이렇게 말했다고 합니다. "고난은 자수를 놓는 것과 같다." 자수의 앞면은 아름답지만, 그 뒤쪽은 아주 복잡하고 지저분합니다. 그것처럼 고난을 당할 때 우리 육신의 눈은 자수의 뒷면만 봅니다. 불안하고 걱정이 태산입니다. 하지만 하나님을 신뢰하는 눈으로 보면 하나님이 우리 인생에 놓고 계시는 자수의 앞면을 볼 수 있습니다.

윤리학자 존 캐버너프(John Kavanaugh)가 테레사(Teresa) 수녀가 사역하던 캘커타의 '죽어 가는 자들의 집'을 방문했습니다. 3개월 정도 봉사하기 위해서였습니다. 그는 자신의 여생을 어떻게 보내는 것이 가장 좋을지에 대해 분명한 답을 손에 쥐고 싶어 했습니다. 그래서 테레사 수녀를 만나 '확실한 답을 얻도록' 기도를 부탁했습니다. 그런데 테레사 수녀는 이렇게 대답했다고 합니다.

"아니, 그렇게 하지 않겠습니다. 확실한 답은 우리가 붙들 수 있는 게 아닙니다. 저 역시 확실한 답이란 있어 본 적이 없습니다. 저에게 늘 있는 것이 있다면 그것은 확실한 답이 아니라 신뢰입니다. 그러니 선생님도 하나님을 신뢰하도록 기도해 드리겠습니다."

그리스도인의 삶은 '답'이 아닌 '하나님을 향한 신뢰'입니다. 언젠가 제가 사역하는 교회에 오셨던 다드림교회 김병년 목사님이 겪어 내고 있는 고통이 제 마음을 참 아리게 했습니다. 목사님의 이야기를 들으며 저도 교인들도 많이 울었습니다.

김병년 목사님이 다드림교회를 개척한 지 4개월쯤 되었을 때, 셋째 아기를 낳은 사모님이 출산 이틀 만에 뇌경색으로 식물인간이나 다름없는 상태가 되었습니다. 목사님과 전 교인들은 눈물로 절박하게 기도했습니다. 하나님이 원하시기만 하면 당장이라도 일으켜 주실 수 있음을 알기에 간절하게 부르짖었습니다.

그런데 회복은커녕 더 기막힌 일이 일어났습니다. 수련회를 앞두고 사모님을 휠체어에 태워 예배당에 가서 작정 기도를 하던 중, 목사님이 잠깐 잠든 사이 사모님 무릎 위에 올려 둔 찜질기에서 화재가 발생해 사모님의 다리에 화상이 심하게 들었습니다. 다리를 절단하지 않으면 안 되었습니다. 목사님은 하나님 앞에서 절규했습니다.

"기도하면 수렁에서 빠져나와야 하는데 어째 더 깊이 빠져드는 겁니까? 하나님, 뭐가 그리 바쁘세요? 그냥 잠깐 들러서 손만 한 번 대고 가세요. 그러면 되잖아요? 제가 붙들지 않겠습니다. 아니면 차라리 이 불쌍한 사람을 데려가 주세요!"

하지만 사모님은 전혀 회복의 기미를 보이지 않았습니다. 목사님은 목회를 하며 하반신 장애에 의식도 없는 아내의 간병인이자 세 아이의 엄마 노릇까지 해야 했습니다. 누가 그 고통을 짐작이나 할 수 있겠습니까? 간증 가운데 함께 묵상한 말씀이 있었습니다.

"그러므로 너희가 그리스도와 함께 다시 살리심을 받았으면 위의 것을 찾으라 거기는 그리스도께서 하나님 우편에 앉아 계시느니라 위의 것을 생각하고 땅의 것을 생각하지 말라 이는 너희가 죽었고 너희 생명이 그리스도와 함께 하나님 안에 감추어졌음이라 우리 생명이신 그리스도께서 나타나실 그때에 너희도 그와 함께 영광 중에 나타나리라"(골 3:1-4).

이유도 모르고 하나님의 뜻도 잘 헤아릴 수 없는 지옥 같은 상황이지만, 목사님은 눈앞의 상황이 아닌 하나님을 바라보며 하루하루 견뎌 내고 있습니다. 몇 년 전, 목사님이 책을 쓰셨습니다. 제목은《난 당신이 좋아》(IVP)입니다. 여전히 사모님이 좋다고, 사랑한다고 쓰신 책입니다. 그 책을 보면 목사님의 사모님을 향한 변함없는 사랑을 느낄 수 있습니다.

그렇게 14년간 사모님을 돌봐야 하는 상황 속에서도 목사님은 다드림교회를 하나님의 신령한 집으로 이끌어 왔습니다. 벌써 다섯 권의 책을 내고 많은 곳에 초청되어 간증을 나누고 있습니다. 아직도 왜 목사님이 그런 삶을 살아야 하는지 이유를 알지 못합니다. 그냥 그것이 지금 목사님을 향한 하나님의 뜻이 아닐까 생각할 뿐입니다. 아내로, 가족으로, 성도로 붙여 주신 사람들을 귀히 여기고 최선을 다해 섬기는 것, 그리고 주어진 땅에서 하늘나라 열매를 맺는 것이 하나님의 뜻이라고 생각하는 목사님이야말로 지옥 같은 이 땅에서 하늘을 살아 내는 아름다운 그리스도인입니다.

시선, 사람이 아닌 예수님을 바라보며

인도네시아 선교사로 간 지 2년쯤 됐을 무렵, 브라질에서 오셨다는 길베르토 목사님을 알게 되었습니다. 당시 저는 현지에서 신학생을 키우기 위해 학교를 열었는데, 다른 신학교에서 사역하고 계시던 길베르토 목사님을 강사로 초빙했었습니다. 그렇게 처음 만난 날, 목사님은 신학생들에게 '제자도'에 대해 강의해 주셨습니다. 그런데 그날 강의가 얼마나 감동적이었는지, 지금도 생각하면 가슴이 뭉클해집니다.

길베르토 목사님은 저보다 몇 년 앞서 인도네시아에 선교사로 오셨습니다. 그런데 입국 절차를 밟을 당시 석사 학위가 없어 교수 비자를 받지 못해 학생 비자로 입국을 해야 했습니다. 그리고 그 학생 신분 때문에 5년 내내 갈등을 겪어야 했습니다.

처음에는 그저 비자만 받아 들어오면 되는 거라 생각했는데, 막상 와 보니 다른 학생들과 함께 강의실에서 수업을 들어야만 했습니다. 뿐만 아니라 현지 신학생들과 같이 맡겨진 잡무를 해내야 했습니다. 정원과 운동장은 물론 복도나 교실도 청소해야 했고, 주방 식기 세척과 심지어 화장실 청소도 해야 했습니다.

하지만 그런 일을 하는 게 목사님을 힘들게 하진 않았습니다. 목숨까지 바칠 각오로 본토 친척 아버지의 집을 뒤로하고 왔는데, 그까짓 청소쯤은 아무것도 아니었습니다. 사역 시간이 부족해서 힘들었던 것도 아닙니다. 주말에 얼마든지 사역을 할 수 있었기 때문입니다.

목사님을 가장 힘들게 한 것은, 현지 동역자들이 자신을 선교사로 보지 않고 학생 취급을 하는 것이었습니다. 그러다 보니 학교에서 모임이나 행사가 있을 때마다 교수 석에 앉아 있는 다른 선교사님들과 학생 석에 앉아 있는 자신은 끝없이 비교를 당했고, 자신 역시도 자꾸만 비교하게 되면서 갈등이 심해져 결국엔 선교사의 소명의식과 사명감도 흔들리기 시작했습니다.

'교수나 학생이라는 신분은 선교 사역을 위해 입국하는 방편일 뿐인데 왜 저들은 교수로 대우를 받고 나는 학생 취급을 당해야 하는가? 내부 사정을 모르는 정부 당국자나 외부 사람이 그렇게 대하는 것은 납득하겠지만, 왜 사정을 빤히 아는 동역자들까지 나를 자기들과는 다른 사람으로 취급하는가? 이러고도 내가 선교사인

가? 하나님이 나를 이곳에 보내신 것이 맞는가?'

길베르토 목사님을 더욱 외롭게 만든 것은 동료 선교사 중에 이 문제에 대해 공감하거나 이해해 주는 사람이 한 명도 없었다는 것입니다. 서로 돕고 이해해 주어야 하는 동역자들로 인해 더 큰 상처를 받아야 했습니다. 그러던 중에 강의를 오기 며칠 전, 목사님은 뜻밖에도 주님의 음성을 듣게 되었습니다.

"인자가 온 것은 섬김을 받으려 함이 아니라 도리어 섬기려 하고 자기 목숨을 많은 사람의 대속물로 주려 함이니라"(막 10:45).

기도하던 중 이 말씀을 만난 목사님의 눈에서는 눈물이 왈칵 쏟아졌습니다. 예수님은 죄인들을 섬기기 위해 오셨는데, 정작 자신은 선교지까지 와서 다른 사람들과 비교하며 섬김 받고 인정받으려 했다는 사실을 깨닫게 되었습니다. 그런 것에 마음을 빼앗겨 불평하고 갈등하며 주님이 주신 소명까지 잊어버리고 방황했던 시간들이 너무도 부끄러웠습니다. 그래서 주님의 제자답게, 더 이상 비교하지 말고 섬기는 종이 되기로 결심했다는 것입니다.

부활하신 예수님이 갈릴리 호수의 제자들에게 나타나셨습니다. 그리고 이 땅을 떠나기 전 제자들에게 남기고 싶은 메시지를 전해 주셨습니다. 먼저는, 부활의 권능이 얼마나 풍성한지를 그물 가득 잡힌 물고기를 통해 보여 주셨습니다. 예수님은 그 물고기와 떡을 제자들에게 배불리 먹이셨습니다.

그러고 난 뒤 이번에는 베드로를 보셨습니다. 주님을 세 번이나 부인한 기억 때문에 예수님에게 선뜻 다가오지 못하는 베드로에게 예수님은 세 번이나 사랑을 확인하셨습니다. 죄책감에 사로잡힌 베드로를 치유하신 것입니다. 그리고 '내 양을 먹이라'고 당부하며 사도로서의 직분을 회복시켜 주셨습니다. 그리고 마지막으로 베드로가 어떻게 순교할지 예언하며 '나를 따르라'고 다시 한 번 당부하셨습니다.

그랬는데 그 순간, 베드로의 눈에 요한이 들어옵니다. 가이사랴 빌립보에서 "주는 그리스도시요 살아 계신 하나님의 아들"(마 16:16)이라는 위대한 신앙 고백으로 천국 열쇠를 받은 베드로는 단연코 예수님의 수제자였습니다. 그런데 언제부턴가 요한이 자꾸 눈에 걸렸습니다.

예수님이 잡혀가셨던 밤, 베드로는 들어갈 수 없었던 성전 뜰에 들어갈 수 있는 유력자의 아들, 예수님이 십자가 위에서 어머니 마리아를 의탁하신 최측근, 부활 후에도 여전히 예수님이 가장 아끼며 곁에 두시는 제자 요한. 그는 베드로가 결코 무시할 수 없는 최대의 라이벌이었습니다. 그래서 물었습니다.

"주님 이 사람은 어떻게 되겠사옵나이까"(요 21:21).

진심으로 요한의 미래가 걱정되거나 단순히 궁금해서 묻는 게 아닙니다. 혹시라도 나보다 더 큰 영광의 자리에 가지는 않을까 비교하는 심리에서 나온 질문입니다. 그러니 이 질문의 속뜻은 '제 라이벌인 요한은 어떻게 될까요? 혹시 저보다 더 영광스러운 미션을 주실 건가요?'인 것입니다.

이전에도 베드로의 시선이 주님을 벗어났던 때가 있었습니다.

한밤중 호수에 나타나신 예수님은 베드로에게 물 위로 걸어오라고 하셨습니다. 그때 거친 물결에 시선을 빼앗긴 베드로는 예수님에게 다가가지 못하고 물에 빠져 허우적거렸습니다.

삼킬 듯이 덮쳐 오는 거센 풍랑에 빼앗겼던 시선이 이번에는 요한에게 꽂혔습니다. 섬김의 대상이 비교의 대상으로 변하는 순간입니다. 더구나 지금은 예수님과의 이별을 앞두고 있는 시간입니다. 더 이상 볼 수 없는 예수님에게 집중했어야 하는 베드로의 시선이 예수님을 벗어났습니다. 예수님은 베드로의 속마음을 꿰뚫어 보셨습니다.

"내가 올 때까지 그를 머물게 하고자 할지라도 네게 무슨 상관이냐 너는 나를 따르라"(요 21:22).

다른 사람은 상관하지 말고 각자에게 주신 소명을 붙들고 예수님을 따르라고 하십니다. 베드로 자신도, 거친 풍파도, 요한도 아닌 예수님을 바라볼 때 그 안에서 모두가 한 마음을 품은 예수님의 제자가 될 수 있기 때문입니다.

이후 요한과 베드로는 어떻게 되었을까요? 사도행전 3장을 보면 베드로가 성전 미문에 앉아 구걸하던 나면서 못 걷게 된 이를 일으킬 때 요한이 함께 있었습니다. 사도행전 8장에서는 사마리아인들이 복음을 받아들였다는 소식이 전해지자, 예루살렘 공의회는 베드로와 요한을 보내 확인하게 합니다. 주님을 바라보는 한 마음으로 두 사람은 아름다운 동행이 되었습니다.

인생의 동행은 서로 마주 보며 가는 사이가 아닙니다. 같은 방향을 바라보며 가는 사이입니다. 사람은 각자 자신만의 거울을 가지고 삽니다. 그래서 서로를 바라볼수록 '다른' 점만 보이게 되어 있습니다. 그러나 바라보는 방향이 같으면 오래 멀리, 평생 같이 갈 수 있습니다. 교회 안에서 관계가 어려울수록, 관계에 답을 찾기 어려울수록 하나님을 바라볼 때 서로에게 귀한 동역자가 되고, 믿음 안에서 평생을 함께 갈 수 있는 복된 관계가 됩니다.

섬김, 내 뜻이 아닌 하나님의 뜻으로

요나단은 이스라엘 초대 왕인 사울의 장자로 왕위 계승 서열 1위였습니다. 하지만 그는 온실 속 왕자가 아니었습니다. 그는 아버지를 대신해 위험한 전쟁터를 누비는 용사였습니다. 요나단은 블레셋에 결정적인 타격을 가하기 위해 기습 작전을 감행합니다. 이때 불안해하는 병사들에게 이렇게 외칩니다.

"우리가 이 할례 받지 않은 자들에게로 건너가자 여호와께서 우리를 위하여 일하실까 하노라 여호와의 구원은 사람이 많고 적음에 달리지 아니하였느니라"(삼상 14:6).

여호와를 의지하고 감행한 요나단의 기습 작전은 블레셋 진영과 블레셋 백성이 공포에 떨게 했다고 성경은 기록하고 있습니다.

하나님을 온전히 신뢰했던 요나단은 하나님을 경외하고 신뢰하는 믿음의 용장이었습니다. 그런데 아버지 사울로 인해 언제부턴가 탄탄해 보였던 그의 미래에 심상치 않은 지각 변동이 시작됩니다.

그 첫 번째 사건은 3만 명의 블레셋 군대가 이스라엘을 에워싸고 공격할 때입니다. 불과 600명 남짓한 백성을 이끌고 블레셋과 싸워야 했던 사울은 출정 전에 번제를 드리기 위해 사무엘을 기다리고 있었습니다. 그런데 블레셋 군대가 가까이 왔다는 소식에 불안해진 백성들이 흩어지려 하자 그는 사무엘이 오기도 전에 희생양을 잡아 제사를 드렸습니다.

이에 사무엘은 사울에게 "왕이 망령되이 행하였도다 왕이 왕의 하나님 여호와께서 왕에게 내리신 명령을 지키지 아니하였도다 그리하였더라면 여호와께서 이스라엘 위에 왕의 나라를 영원히 세우셨을 것이거늘 지금은 왕의 나라가 길지 못할 것이라"(삼상 13:13-14a) 말하며 하나님의 마음이 사울에게서 떠났음을 알렸습니다.

제사는 하나님과의 관계에서 매우 중요한 율법입니다. 그런데 왕이 제사장이 드리도록 되어 있는 제사를 드리고도 '회개'가 아닌 '변명'을 했습니다. 하나님은 사무엘을 통해 사울을 질책하셨습니다. 그런데 얼마 가지 않아 또 한 번의 대형 사고가 벌어집니다. 아말렉과의 전투에 나갔던 사울이 아말렉의 모든 것을 다 진멸하라고 하신 하나님의 명령을 어기고 아말렉의 아각 왕과 자기 눈에 보기 좋은 것들을 살려서 가져온 것입니다. 이번에도 좋은 것을 하나님의 전에 바치기 위해 가져왔다고 변명합니다.

그러자 사무엘은 다시 한 번 사울을 질책하며 "여호와께서 번제와 다른 제사를 그의 목소리를 청종하는 것을 좋아하심같이 좋아하시겠나이까 순종이 제사보다 낫고 듣는 것이 숫양의 기름보다 나으니 이는 거역하는 것은 점치는 죄와 같고 완고한 것은 사신 우상에게 절하는 죄와 같음이라 왕이 여호와의 말씀을 버렸으므로 여호와께서도 왕을 버려 왕이 되지 못하게 하셨나이다"(삼상 15:22-23) 하고 말했습니다.

사울은 두 번의 불순종으로 인해 하나님의 영이 떠나자 악령에 시달리기 시작합니다. 그래서 수금을 잘 타는 소년을 불렀는데 그가 바로 다윗이었습니다. 신기하게도 다윗의 수금 소리를 들으면 사울을 괴롭히던 악령이 떠나갔습니다.

그러던 차에 골리앗을 앞세운 블레셋 군대가 다시 이스라엘을 쳐들어왔습니다. 마침 아버지의 심부름으로 형들의 안부를 확인하러 왔던 다윗은 의분해서 물맷돌을 들고 이스라엘과 하나님을 모욕하는 골리앗과 맞섰습니다. 그리고 담대하게 외쳤습니다.

"너는 칼과 창과 단창으로 내게 나아오거니와 나는 만군의 여호와의 이름 곧 네가 모욕하는 이스라엘 군대의 하나님의 이름으로 네게 나아가노라"(삼상 17:45).

이날 요나단은 겨우 17세의 소년 다윗이 여호와 하나님의 이름으로 거인 골리앗을 쓰러뜨리는 광경을 지켜보았습니다. 여호와의 구원이 사람이 많고 적음에 달려 있지 않다고 믿었던 요나단과 여호와의 구원하심이 칼과 창에 있지 않다는 다윗. 두 사람은 그렇게 믿음 안에서 만나 형제 같은 우정을 나누기 시작합니다. 그런데 그즈음 요나단은 사무엘이 기름을 부어 이스라엘의 다음 왕으로 세운 사람이 다윗이라는 사실을 알게 됩니다. 이 사실을 알고 사울은 17세의 소년 다윗을 끊임없이 죽이려고 합니다. 아버지와 다윗 사이에 선 요나단, 한쪽을 선택하지 않으면 안 되는 상황이 되었습니다.

이런 선택의 순간은 누구에게나 다가옵니다. ㄱ자 모양의 독특한 예배당으로 유명한 금산교회는 우리나라의 대표적인 기독교 성지 중 하나입니다. 그런데 이 교회에는 건물만큼이나 유명한 감동 실화가 전해져 오고 있습니다.

이 교회의 성도였던 조덕삼은 그를 따라 교회에 나오기 시작한 머슴 이자익과 함께 신앙생활을 했습니다. 1905년 10월 11일에 나란히 세례를 받은 두 사람은, 비록 세상에서의 관계는 주인과 머슴이었지만 신앙 안에서는 형제로 지내며 교회의 아름다운 모범이 되었습니다.

그러다가 교인이 50명쯤 되었을 때 장로 선거를 실시했는데, 김제의 부자요, 유지로서 교회의 재정을 도맡아 감당했던 조덕삼이 아닌 그 집 머슴 이자익이 장로로 선출되었습니다. 교인들은 술렁거렸습니다. 혹시라도 조덕삼의 마음이 상해 교회 재정이 어려워질까 봐 걱정했던 것입니다. 하지만 조덕삼은 "나는 하나님의 뜻에 순종해서 이자익 장로를 받들고 교회를 더욱 잘 섬기겠습니다" 하고 말하며 겸허히 결과를 받아들였습니다.

자신의 체면보다 하나님의 뜻과 교회를 먼저 생각한 조덕삼. 당시의 사회적 정서로서는 상상하기 어려운 귀한 믿음이었습니다. 두 사람은 집에서는 주인과 머슴의 관계였지만 교회에서는 일반 성도와 장로로서 직분을 잘 감당했습니다. 얼마 뒤 조덕삼도 2대 장로가 되었습니다. 그 후 조덕삼 장로는 이자익 장로를 평양신학교에 보내 학업을 뒷바라지했고, 그가 목사가 되자 앞장서서 금산교회 담임으로 청빙했습니다.

이자익 목사는 후에 대한예수교장로회 제13대 총회장이 되었을 뿐 아니라, 이례적으로 세 번이나 총회장을 역임할 만큼 훌륭한 교계의 지도자가 되었습니다. 이런 이자익 목사도 훌륭했지만, 자기보다 먼저 장로가 된 자기 머슴을 장로로 섬기면서 교회에 충성했던 조덕삼 장로의 섬김이 많은 성도들에게 큰 감동을 주고 있습니다.

사울의 아들 요나단은 왕의 아들이었습니다. 다윗만 아니라면 그는 이스라엘의 왕이 되었을 것입니다. 지금이라도 17세 소년 다윗이 없어지기만 하면 그가 다시 왕이 될 수도 있습니다. 하지만 요나단은 다윗의 편에 서기로 합니다. 그것이 곧 하나님 편에 서는 것이었기 때문입니다.

"요나단의 마음이 다윗의 마음과 하나가 되어 요나단이 그를 자기 생명같이 사랑하니라 … 요나단이 자기가 입었던 겉옷을 벗어 다윗에게 주었고 자기의 군복과 칼과 활과 띠도 그리하였더라" (삼상 18:1, 4).

요나단은 왕자의 신분을 상징하는 자신의 옷과 무기를 다윗에게 주었습니다. 그뿐 아니라 아버지 사울의 살해 위협이 있을 때마다 미리 알려서 다윗을 보호하고 숨겨 주었습니다. 갈수록 사울의 질투가 심해져서 다윗이 위태롭게 되자, 그는 다윗을 사울의 손이 닿지 않는 먼 곳으로 탈출하도록 도와주었습니다.

"아이가 가매 다윗이 곧 바위 남쪽에서 일어나서 땅에 엎드려 세 번 절한 후에 서로 입 맞추고 같이 울되 다윗이 더욱 심하더니 요나단이 다윗에게 이르되 평안히 가라 우리 두 사람이 여호와의 이름으로 맹세하여 이르기를 여호와께서 영원히 나와 너 사이에 계시고 내 자손과 네 자손 사이에 계시리라 하였느니라"(삼상 20:41-42a).

이렇게 헤어진 두 사람은 살아생전에 다시 만나지 못했습니다. 이후 다윗은 10여 년간의 긴 도망자 생활을 해야 했고, 요나단은 하나님에게 버림받은 아버지 사울 곁을 지키며 전쟁터를 누비다가 전사하고 맙니다. 다윗이 요나단에게 줄 수 있었던 것은 우정의 눈물뿐이었습니다. 그렇게 요나단이 자신의 옷을 벗어 입혀 주며 축복해 주었던 물맷돌의 소년 다윗은 13년간의 도망자 생활을 마감하고 드디어 이스라엘의 왕이 됩니다.

당신의 사람을 섬기는 모습은 어떻습니까? 교회를 가장 힘들게 하는 사람은 '자기 뜻으로 열심히 일하는 사람'입니다. 섬김의 기준이 잘못되어 있기 때문입니다. 성도를 섬길 때도 교회를 섬길 때도 내 기준으로 합니다. 그로 인해 교회 안에 많은 문제를 만듭니다.

요나단이 다윗을 지켜 준 가장 큰 이유는 다윗을 이스라엘의 왕으로 세우는 것이 하나님의 뜻이었기 때문입니다. 택하심도 버리심도 하나님의 주권임을 온전히 인정했기 때문입니다. 그렇게 나중 된 자 다윗을 목숨 다해 섬겼던 먼저 된 자 요나단의 삶은 성도인 우리에게 많은 것을 생각하게 합니다.

감사의 이유, 오직 여호와 하나님

"더 많은 축복을 받으려면 하나님이 자신에게 이미 내려 준 축복을 인정해야만 해요. 먼저 감사하는 태도를 지니면 마음의 문이 열려서 또 다른 축복을 받을 수 있게 되지요. 하나님이 주신 축복은 아주 작은 것, 미미해서 잘 보이지도 않는 것에서 시작됩니다. 그 작은 것에 기뻐하고 감사하는 사람에게 비로소 어마하게 큰 것으로 축복해 주십니다. 그리고 항상 감사의 그릇이 준비된 사람에게만 주어지는 선물이기도 합니다."

헨리에트 엔 클라우저(Henriette Anne Klauser)의 《종이 위의 기적, 쓰면 이루어진다》(한언 역간)에 나오는 내용으로, 읽을수록 곱씹게 되는 글입니다. 사소한 감사 제목이라도 종이 위에 적어 가다 보면 더 큰 감사의 제목을 만나게 된다는 뜻입니다.

가난한 미혼모의 딸로 태어난 한 여자아이가 있었습니다. 어머니가 아닌 할머니의 손에서 자란 그녀는 사촌 오빠에게 성폭행을 당해 열네 살의 나이에 아이를 낳았습니다. 아이는 태어난 지 2주 만에 죽었습니다. 그 충격으로 그녀는 가출해서 마약에 빠져 살았습니다. 삶의 의욕을 잃은 그녀는 마구 폭식을 했습니다. 그러다 보니 몸무게가 107킬로그램이 되었습니다. 이는 미국 토크쇼의 여왕, 오프라 윈프리(Oprah Winfrey)의 지옥 같았던 과거입니다.

오프라 윈프리가 이 어둠의 터널을 뚫고 세계적인 지도자로 설 수 있었던 데에는 많은 노력과 변화의 계기가 있었지만, 그중 하나가 감사 일기를 쓰는 것이었습니다. 그녀는 매일 다섯 가지의 감사 제목을 찾아 일기를 썼습니다. 아주 사소한 것까지 기록했습니다. 오프라 윈프리는 지금까지도 수첩에 다섯 가지 감사 제목을 매일같이 쓰고 있다고 합니다. 가령, 오늘도 거뜬하게 잠자리에서 일어날 수 있어서, 유난히 눈부시고 파란 하늘을 볼 수 있어서, 점심 때 맛있는 스파게티를 먹게 해 주셔서, 얄미운 짓을 한 동료에게 화내지 않게 해 주셔서 감사하다고 쓰는 것입니다.

오프라는 감사하는 삶을 통해 어디에 집중해야 하는지 깨닫게 되었습니다. 외형적인 것이나 없어서 아쉬운 것들보다는 본질적인 것 그리고 이미 내 삶에 있는 것들을 소중히 여기고 그것을 허락하신 하나님에게 감사하는 것이야말로 진정한 행복과 삶의 힘이 된다는 지혜를 터득한 것입니다.

성경은 "범사에 감사하라 이것이 그리스도 예수 안에서 너희를 향하신 하나님의 뜻이니라"(살전 5:18)고 말씀합니다. 우리는 여기서 감사가 우리를 향하신 하나님의 뜻이라는 사실에 주목할 필요가 있습니다. 하나님은 우리의 창조 목적을 '찬양과 예배'라고 말씀하셨습니다. 하지만 찬양과 예배가 그냥 저절로 되는 것은 아닙니다. 매일 정해진 시간에 교회에 와서 예배를 드린다고 그것이 참예배가 되는 것은 아닙니다. 영과 진리로 예배해야 합니다. 그런데 그것은 감사에서 출발합니다.

감사가 없이는 하나님을 찬양할 수도, 경배할 수도 없습니다. 감사 없이 드리는 예배는 껍데기에 불과합니다. 그러므로 예배자이며 하나님의 축복의 언약을 받은 그리스도인의 삶에 없어서는 안 되는 것이 바로 감사입니다. 이를 통해 까마득히 잊고 살았던 혹은 너무도 당연하게 여기고 살았던 축복을 깨닫기 때문입니다.

감사가 없다면 우리는 복음을 모르는 자와 다를 것이 없습니다. 감사가 없다면 성령님을 몹시도 근심하게 하고 있는 것입니다. 감사가 없다면 나는 지금 점점 하나님으로부터 멀어지고 있는 것이 확실합니다. 감사가 없다면 내 삶은 점점 천국에서 멀어져 지옥으로 향하고 있는 것이 확실합니다. 그렇게 지옥에 떨어졌을 때 오프라 윈프리는 감사라는 '지름길'로 잃어버린 삶의 빛을 찾을 수 있었습니다.

예배자 다윗은 누구보다 감사의 이유를 찾는 데 열심이었습니다. 말 그대로 '범사에 감사'하는 삶을 살았습니다. 그 감사가 수많은 시를 낳고, 그를 아름다운 예배자로 만들었습니다. 그는 중요한 전투를 할 때마다, 힘겨운 삶의 위기를 넘길 때마다 찬양 시로 감사를 드렸는데, 특히 사무엘하 22장과 시편 18편에 나오는 감사의 시는 전투의 경과 보고서를 방불케 합니다.

"이에 땅이 진동하고 산들의 터도 요동하였으니 그의 진노로 말미암음이로다 그의 코에서 연기가 오르고 입에서 불이 나와 사름이여 그 불에 숯이 피었도다 그가 또 하늘을 드리우시고 강림하시니 그의 발아래는 어두캄캄하도다 그룹을 타고 다니심이여 바람 날개를 타고 높이 솟아오르셨도다 그가 흑암을 그의 숨는 곳으로 삼으사 장막같이 자기를 두르게 하심이여 곧 물의 흑암과 공중의 빽빽한 구름으로 그리하시도다 그 앞에 광채로 말미암아 빽빽한 구름이 지나며 우박과 숯불이 내리도다"(시 18:7-12).

이 한 편에만 하나님이 하신 일과 감사의 이유 수십 가지가 등장합니다. 무엇보다 다윗의 찬양 시에 가장 많이 등장하는 주어는 '여호와 하나님'입니다. 즉, 다윗이 쓴 대부분의 시는 '하나님행전'입니다. 그만큼 다윗은 하나님의 일하심과 자신의 삶에 허락하신 축복에 '예민하게' 깨어 있던 사람이었습니다.

또한 그가 드린 최고의 감사, 그의 기도에 늘 공통적으로 등장하는 최고의 감사 이유는 바로 '여호와 하나님' 그 자체였습니다. 그는 "감사함으로 그의 문에 들어가며 찬송함으로 그의 궁정에 들어가서 그에게 감사하며 그의 이름을 송축할지어다 여호와는 선하시니 그의 인자하심이 영원하고 그의 성실하심이 대대에 이르리로다"(시 100:4-5)라고 노래하며 '하나님의 성품'을 찬양했습니다. 또한 "내가 주의 성전을 향하여 예배하며 주의 인자하심과 성실하심으로 말미암아 주의 이름에 감사하오리니 이는 주께서 주의 말씀을 주의 모든 이름보다 높게 하셨음이라"(시 138:2)라고 노래하며 세상 모든 것들 위에 통치하시는 하나님의 이름과 말씀을 찬양했습니다.

특별히 시편 138편을 쓸 때 다윗은 70세 즈음의 노년의 나이였을 것으로 추정됩니다. 40년 가까이 전쟁을 하고 돌아본 자기 인생 중에 가장 아름다운 대상, 가장 감사할 만한 대상이 '여호와 하나님'이심을 고백하는 시입니다. 앞에서도 살펴본 2절에서는 세상 모든 것 위에 계신 여호와 하나님으로 인해 찬양과 감사를 드립니다. 다윗은 평생을 통해 늘 함께하시고, 회개하는 백성을 돌아보고 다시 축복해 주시는 인자하신 하나님, 약속을 신실하게 지키시는 하나님을 경험으로 알게 된 것입니다. 그는 계속해서 고백합니다.

"여호와께서는 높이 계셔도 낮은 자를 굽어살피시며 멀리서도 교만한 자를 아심이니이다 내가 환난 중에 다닐지라도 주께서 나를 살아나게 하시고 주의 손을 펴사 내 원수들의 분노를 막으시며 주의 오른손이 나를 구원하시리이다"(시 138:6-7).

그는 낮은 데 처한 적이 있었습니다. 환난 중에 쫓겨 다닌 적도 있었습니다. 원수에 둘러싸여 지낼 때도 있었습니다. 택함을 받았으나 그 삶이 언제나 장미꽃길만 걸은 인생은 아니었습니다. 그 길에서 가시에 찔리기도 하는 인생이었습니다. 그러나 돌아보면 그 찔림에도 다윗은 전심으로 감사할 수 있었습니다. 그래서 그 길에서 또다시 가시에 찔린다 하더라도 감사할 수 있는 것입니다. 이른바 '가시 감사'입니다. 어떤 상황에서도 함께해 주시는 하나님을 경험했기 때문입니다. 여호와 하나님은 다윗이 평생에 발견한 최고의 감사의 이유였습니다.

한 랍비가 제자들에게 물었습니다.

"밤이 끝나고 낮이 시작되는 새벽을 어떻게 분간할 수 있을까?"

제자들이 대답했습니다.

"멀리서 개와 양을 구분할 수 있을 때가 아닐까요?"

"무화과나무와 포도나무를 구분할 수 있을 때가 아닙니까?"

랍비는 고개를 저으며 대답했습니다.

"다른 인간의 얼굴을 들여다보면서 형제나 자매를 알아볼 만큼 너희 안에 빛이 충분할 때다. 그때까지는 밤이고, 아직 어둠이 있다."

이웃을 가족으로 받아들이고 그들과 함께 공동체를 이루기 전까지는 우리 마음에 아직 빛이 오지 않았다는 뜻입니다.

5

성령님과의 동행, 교회

"그가 너희에게 모든 것을 가르치고
내가 너희에게 말한 모든 것을 생각나게 하리라"(요 14:26).

끝까지 가려면 성령과 함께

사람을 가장 비참하게 만드는 것 중의 하나는 고통을 당할 때 혼자 남겨지는 것입니다. 아무리 힘든 일이 있어도 가족이 있고 친구가 내 고통을 알아주면 그래도 견딜 만합니다. 그런데 내가 정말 힘들고 누군가의 도움이 절실히 필요할 때, 가까운 친구라고 생각했던 이들이 등을 돌리고 사랑하는 가족에게까지 책망을 받게 되면 그대로 무너지고 맙니다.

그런데 성경은 바로 그런 순간에 우리와 함께하시는 누군가가 있다고 말씀합니다. 바로 성령입니다. 성령은 예수님이 우리에게 보내겠다고 약속하신 '하나님의 영'입니다.

"내가 아버지께 구하겠으니 그가 또 다른 보혜사를 너희에게 주사 영원토록 너희와 함께 있게 하리니 그는 진리의 영이라 세상은 능히 그를 받지 못하나니 이는 그를 보지도 못하고 알지도 못함이라 그러나 너희는 그를 아나니 그는 너희와 함께 거하심이요 또 너희 속에 계시겠음이라"(요 14:16-17).

이 말씀 때문에 우리는 성령님의 역사가 예수님의 부활 이후부터 시작되었다고 생각하는 경향이 있습니다. 하지만 성령님은 천지창조 때부터 함께 계셨습니다.

"태초에 하나님이 천지를 창조하시니라 땅이 혼돈하고 공허하며 흑암이 깊음 위에 있고 하나님의 영은 수면 위에 운행하시니라"(창 1:1-2).

태초에 하나님의 영인 성령님은 혼돈과 공허 그리고 깊은 흑암과 바다를 운행하셨습니다. 여기에 등장하는 하나님의 영은 히브리어로 '루아흐'인데, 이는 '숨결'이라는 뜻이며, 헬라어로는 영을 의미하는 '프뉴마'입니다. '운행하다'라는 단어는 히브리어로 '메 라헤페트'인데, 이는 '너풀거리며 떠다니다' 혹은 '덮어서 품다'라는 뜻으로, 어미 독수리가 둥지 안에 있는 새끼들이 날 수 있을 때까지 둥지 위를 빙빙 맴도는 모습을 묘사할 때 쓰는 단어입니다. 성령님은 이렇게 인자하고 자상한 어머니의 모습으로 태초부터 함께하셨습니다.

이후 성령님은 구약의 주요 인물들과 함께하셨습니다. 대표적인 인물이 바로 여호수아입니다. 하나님은 모세에게 여호수아를 지도자로 세우라고 명령하시며 여호수아에 대해 이렇게 말씀하셨습니다.

"눈의 아들 여호수아는 그 안에 영이 머무는 자니 너는 데려다가 그에게 안수하고 그를 제사장 엘르아살과 온 회중 앞에 세우고 그들의 목전에서 그에게 위탁하여 네 존귀를 그에게 돌려 이스라엘 자손의 온 회중을 그에게 복종하게 하라"(민 27:18-20).

여기에 나오는 '영'은 하나님의 영으로, 여호수아는 성령님과 함께하는 사람이었다는 뜻입니다. 그리고 성령님은 사사기 시대의 나실인 영웅인 삼손과도 함께하셨습니다. 성경은 "그 여인이 아들을 낳으매 그의 이름을 삼손이라 하니라 그 아이가 자라매 여호와께서 그에게 복을 주시더니 소라와 에스다올 사이 마하네단에서 여호와의 영이 그를 움직이기 시작하셨더라"(삿 13:24-25)고 말씀합니다.

이렇듯 구약 시대에는 특별한 사람들에게만 하나님의 영이 함께하셨습니다. 그런데 예수님은 제자들과 그리스도인들 모두에게 성령님이 올 것이라고 약속하셨습니다.

"내가 너희를 고아와 같이 버려두지 아니하고 너희에게로 오리라 조금 있으면 세상은 다시 나를 보지 못할 것이로되 너희는 나를 보리니 이는 내가 살아 있고 너희도 살아 있겠음이라 그날에는 내가 아버지 안에, 너희가 내 안에, 내가 너희 안에 있는 것을 너희가 알리라"(요 14:18-20).

이 말씀은 실제로 이루어졌습니다. 오순절 마가의 다락방에 있던 120여 명의 그리스도인들에게 불같은 성령이 임한 것입니다.

뭇사람 안에 하나님의 영이 머물게 된 이 사건은, 하나님이신 예수님이 사람이 되어 오신 사건만큼이나 획기적인 일이었습니다.

성령님은 바로 하나님의 영이기 때문에 동시에 예수 그리스도의 영이기도 합니다. 그러므로 성령님이 우리 안에 계시다는 것은 예수님과 함께 있다는 것입니다. 그래서 성령님을 '성령 하나님' 또는 '예수 그리스도의 영'이라고 부르기도 합니다.

성령님은 우리 안에서 많은 일을 하십니다. 지혜의 영인 성령님은 우리로 하여금 성경 말씀을 깨닫게 하시고, 예수님이 누구인가를 증거하십니다. 또한 우리로 하여금 죄를 깨닫게 해 하나님에게로 돌이키도록 도우실 뿐 아니라, 일꾼으로 세우시고, 할 일을 알게 하시고, 어디로 나아가야 할지 알려 주십니다. 우리의 생각, 의지, 감정, 행동 안에 계시는 성령님은 우리와 동일한 인격적 속성을 갖고 계셔서 우리와 긴밀히 교통하며 늘 함께 하십니다.

그중에 가장 중요한 첫 번째 역할은, 우리를 위해 기도하시는 것입니다. 성경은 "이와 같이 성령도 우리의 연약함을 도우시나니 우리는 마땅히 기도할 바를 알지 못하나 오직 성령이 말할 수 없는 탄식으로 우리를 위하여 친히 간구"(롬 8:26)하신다고 말씀합니다.

우리와 언제나 함께하며 처한 상황을 가장 잘 아시는 성령님은 우리가 기도할 때 함께 하나님에게 탄원하며 우리가 미처 깨닫지 못하는 문제와 필요한 것들까지도 대신해서 기도해 주십니다. 이때 '말할 수 없는 탄식으로' 간절하게 기도해 주십니다.

그런데 이것이 얼마나 큰 축복인지를 우리는 종종 잊고 삽니다. 성령님이 누구십니까? 전지전능한 하나님 자신이십니다. 즉, 성령님이 말할 수 없는 탄식으로 기도하신다는 것은, 하나님과 예수님이 말할 수 없는 탄식으로 우리를 위해 눈물 흘리고 안타까워하며, 우리가 주님 품으로 다시 돌아올 때까지 인도하고 축복해 주기를 원하신다는 것입니다.

세상 가운데서는 혼자 남겨진 상태일지도 모릅니다. 고난 중의 욥처럼 친구도 다 떠나가고 가족들마저 나에게 손가락질을 할지도 모릅니다. 하지만 그렇다고 해도 우리는 혼자가 아닙니다. 성령님이, 아니 하나님과 예수님이 나의 고통을 보고 눈물을 흘리며 안타까워하십니다. 우리가 다시 주님 안에서 회복되어 주님의 영광을 드러내는 영광스러운 자리에 설 수 있도록 돕고 계십니다. 이것이야말로 축복 중의 축복입니다.

성령님의 두 번째 역할은, 우리를 위해 기도하시되 하나님의 뜻을 따라 간구하신다는 사실입니다. 이에 대해 성경은 "마음을 살피시는 이가 성령의 생각을 아시나니 이는 성령이 하나님의 뜻대로 성도를 위하여 간구하심이니라"(롬 8:27)고 말씀합니다.

하나님이 우리의 소원을 다 들어주신다면 얼마나 좋을까 하고 생각할 때가 있습니다. 하지만 그것은 참 위험한 생각입니다. 우리가 생각하기에 우리에게 좋은 것이 과연 정말로 우리에게 유익한 것일까요? 우리에게 필요한 것을 가장 잘 아시는 분은 우리를 만드신 창조주 하나님입니다. 하나님만이 우리의 현재와 미래에 필요한 모든 것들을 아십니다. 그러므로 어리석고 한없이 부족한 우리의 바람이 아닌, 우리를 향하신 하나님의 뜻대로, 그분의 선한 계획 안에서 우리에게 필요한 것들을 간구해 주실 분 또한 하나님의 영인 성령님뿐인 것입니다.

성령님의 세 번째 역할은, 협력해서 선을 이루시는 것입니다. 성경은 "우리가 알거니와 하나님을 사랑하는 자 곧 그의 뜻대로 부르심을 입은 자들에게는 모든 것이 합력하여 선을 이루느니라 … 미리 정하신 그들을 또한 부르시고 부르신 그들을 또한 의롭다 하시고 의롭다 하신 그들을 또한 영화롭게 하셨느니라"(롬 8:28, 30)고 말씀합니다.

우리를 영화롭게 하시는 것이 우리를 향한 하나님의 궁극적인 뜻입니다. 지금은 견딜 수 없는 고통과 수치 가운데 있다 하더라도, 그래서 모든 것을 포기하고 싶더라도, 우리가 기억해야 할 것은 우리를 망하게 만드는 것이 하나님의 뜻이 아니라는 사실입니다. 허락하신 고통을 통해 우리를 성숙시키고 결국에는 영화롭게 해 주시려는 것이 하나님의 뜻입니다.

여인이 아이를 잉태하면 해산할 때까지는 고통이 따릅니다. 얼굴은 푸석푸석해지고, 속은 시도 때도 없이 메스껍습니다. 몸도 점점 무거워집니다. 그걸로 끝이 아닙니다. 고통의 정점은 해산입니다. 어미의 몸을 찢고서야 한 아기가 태어나기 때문입니다. 하지만 아무리 해산의 고통이 힘들어도 태어난 아기를 품에 안는 순간 고통의 기억은 사라집니다. 그 생명이 너무도 귀하기 때문입니다. 인생의 고난도 마찬가지입니다. 성경은 "현재의 고난은 장차 우리에게 나타날 영광과 비교할 수"(롬 8:18) 없다고 말씀합니다.

예수님도 그 앞에 있는 기쁨 때문에 십자가의 고통과 수치를 견디셨습니다. 당신의 죽음으로 모든 인류가 구원받을 수 있다는 소망 하나로 십자가의 극심한 고통을 참아 내셨습니다. 결국 하나님은 그를 믿는 자마다 죄를 사해 주셨을 뿐 아니라 예수님의 이름을 모든 이름 위에 뛰어난 이름으로 높이셔서 하나님 보좌 우편에 앉혀 주셨습니다. 그렇게 우리를 모든 죄에서 사하고 자유하게 하신 예수님이 성령님을 통해서 우리에게 다시 오셨습니다.

성령님은 오늘도 고통 중에 있는 우리를 위해 말할 수 없는 탄식으로 기도하십니다. 고통 중에 허덕이며 하나님을 바라보지 못하는 순간에도 성령님은 눈물을 흘리며 기도하십니다. 그렇게 성령 하나님은 우리와 함께하십니다.

비록 견디기 힘든 고통 중에 있다 하더라도 포기하지 마십시오. 두려워하지 마십시오. 우리는 혼자가 아닙니다. 앞으로도 영원히 혼자가 아닙니다. 우리를 영화롭게 하기 원하시는 선하고 인자하신 하나님의 영, 성령님이 우리를 붙들고 계십니다.

성령의 바람을 타고

새들이 나는 방법에는 크게 세 가지가 있다고 합니다. 첫째는 파닥거리기입니다. 주로 작은 새들이 이렇게 날아다니는데, 벌새의 경우 1초에 70번까지 날갯짓을 한다고 합니다. 하지만 금방 지칩니다. 둘째는 활강입니다. 비교적 큰 새들의 비상 법으로, 힘을 비축했다가 위에서 조금씩 미끄러져 내려오는 방법입니다. 파닥거리기보다는 날갯짓이 훨씬 적고 부드럽습니다. 하지만 활강만으로는 장거리를 가는 데 무리가 있습니다.

가장 멀리 날아가는 새들은 세 번째 방법인 기류를 이용하는데, 대표적인 새가 독수리입니다. 독수리는 땅에서 솟는 따뜻한 상승 기류와 바람의 흐름을 감지하고 그 기류에 큰 날개를 얹습니다.

자신의 날갯짓이 아닌 공기 기둥을 의지해서 나는 것입니다. 퍼덕거리지 않고도 높이 솟아오를 뿐 아니라 시속 130킬로미터로 6,400킬로미터까지 비행할 수 있다고 합니다.

"오직 여호와를 앙망하는 자는 새 힘을 얻으리니 독수리가 날개치며 올라감 같을 것이요 달음박질하여도 곤비하지 아니하겠고 걸어가도 피곤하지 아니하리로다"(사 40:31).

하나님의 힘찬 기류, 즉 성령의 바람은 기적처럼 사람의 인생을 바꿉니다. 영화 〈믿음의 승부〉는 미국 중부 조지아 주의 한 고등학교에서 실제로 있었던 일을 소재로 같은 마을에 있는 셔우드교회에서 제작한 영화입니다. 셔우드교회의 부목사인 알렉스 켄드릭(Alex Kendrick)이 각본, 연출, 주연을 맡았고, 교회의 성도들이 상당수 출연했습니다. 제작진이나 출연진 모두 아마추어였습니다. 그 내용은 다음과 같습니다.

미션스쿨인 샤일로 고등학교에는 이글스(Eagles, 독수리)라는 미식축구 팀이 있었습니다. 우승은 고사하고 저조한 성적 때문에 누구도 알아주지 않았습니다. 학부모들은 초조했습니다. 경기 성적이 좋아야 명문대를 지원할 수 있는데 선수들의 사기가 바닥이니 결과는 불 보듯 뻔했습니다. 그 와중에 그나마 제일 실력이 괜찮은 선수가 다른 학교로 전학을 가 버립니다. 팀은 완전히 와해 분위기입니다.

선수들은 물론 코치도 완전 의욕 상실입니다. 코치 교체설까지 떠돌면서 실직 위기에 놓인 그는 집에 가도 희망이 없습니다. 쥐

꼬리만 한 월급으로 빠듯하게 사느라 자동차가 고장 나도 고칠 여력이 없습니다. 오랫동안 아기를 기다려 왔지만 임신이 불가능하다는 진단을 받았습니다. 모든 게 뒤죽박죽인 그의 삶은 어쩌면 우리 자신의 이야기인지도 모릅니다.

이런 이글스 팀에 변화가 시작됩니다. 어느 날 교목이 실의에 빠져 있는 코치를 찾아왔습니다. 그 목사님은 학생들의 사물함을 만지며 학생 한 사람, 한 사람을 위해 기도할 만큼 헌신적인 사람이었습니다. 그는 코치를 이렇게 격려했습니다.

"하나님은 당신을 포기하지 않으셨습니다. 하나님은 반드시 당신을 움직여서 이곳에서 변화와 열매를 맺게 하실 겁니다. 최선을 다하십시오. 하나님은 열매 맺기 원하면서도 밭에 나가지도 않는 농부보다는 밭에서 열심히 준비하는 농부에게 비를 내려 주십니다."

코치는 목사님의 격려를 하나님의 음성이라 확신하고, 묵상 끝에 팀의 목표를 수정했습니다. 지금까지는 경기에 이겨서 자신의 능력을 입증하는 게 목표였습니다. 자신의 성공을 목표로 한 자기를 위한 경기였습니다. 그런데 이제 하나님에게 영광을 돌리는 것이 목표가 되었습니다. 그러자 더 이상 경기의 승패에 연연하지 않게 되었습니다. 그것은 전적으로 하나님의 몫이 되었습니다.

하나님을 위한 경기를 하기로 마음을 먹으니 코치에게 선수들은 더 이상 자기 게임에 동원되는 도구가 아니었습니다. 그래서 그는 선수들의 삶에 관심을 갖기 시작했습니다. 아버지와 갈등이 있는 선수가 아버지와 화해하도록 조언하기도 하며 서로 사랑하고 용서하는 삶을 가르쳤습니다. 그러자 팀의 분위기가 달라졌고, 이들 때문에 학교 분위기도 변했습니다.

코치는 훈련을 할 때도 선수들이 스스로 하나님을 위해 최선을 다하도록 격려했습니다. 그 결과, 이글스 팀은 연전연승을 거두며 결승에 진출했습니다.

결승전에서 만난 팀은 강력한 우승 후보 자이언츠(Giants) 팀이었습니다. 이름처럼 상대 팀들을 파죽지세(破竹之勢)로 꺾고 올라온 막강한 팀입니다. 'Facing the Giants', 즉 '거인과 마주 서다'라는 뜻의 영화 제목도 여기서 탄생했습니다.

경기가 시작됐고, 예상대로 독수리 팀은 내내 수세에 몰립니다. 게임 종료 불과 몇 초 전, 거인을 상대하느라 지친 선수들은 이제 공을 들고 뛸 힘도 없습니다. 시간은 얼마 남지 않았고, 마지막 슈팅으로 득점을 해야만 이길 수 있습니다. 그런데 거리가 너무도 멉니다.

공을 쥔 데이빗의 눈에는 골대까지의 거리가 멀어 보입니다. 그 앞을 막아선 상대 선수는 골리앗처럼 커 보입니다. 자신의 슛 한 번에 팀의 승패가 걸려 있다는 부담감이 데이빗을 짓누릅니다. 다윗은 자존감이 낮았습니다. 제대로 하는 것이 하나도 없다고 늘 생각해 왔습니다. 이번에도 왠지 실패할 것만 같습니다.

그때 휠체어를 탄 아버지가 상대 팀 골대로 휠체어를 움직여 가더니 사력을 다해 마비된 다리를 펴고 일어났습니다. 그리고 두

팔을 높이 들었습니다. 그곳에서 그는 미식축구에서 성공했다는 의미의 심판의 신호를 보냈습니다. 데이빗의 아버지는 속으로 외치고 있었습니다.

'데이빗, 하나님이 너와 함께하신다. 그걸 믿어. 성패는 하나님에게 맡기고 너는 최선을 다해 공을 차. 그게 하나님을 향한 믿음이야. 아빠도 있는 힘을 다해서 일어났으니 너도 있는 힘을 다해 공을 차라. 하나님에게 영광을 돌려 드려라. 하나님이 도와주실 거다. 데이빗!'

두려워하던 데이빗은 아버지의 격려에 힘입어 있는 힘을 다해 공을 찼습니다. 공은 독수리 날개처럼 높이 비상했습니다. 그때 공중에 있던 바람의 방향이 바뀌었습니다. 그 바람 덕분에 데이빗은 골을 성공시켰습니다. 이글스 팀의 우승입니다. 게임에서 졌다고 해도 믿음의 승부에서는 승리한 것입니다.

돌아보면 데이빗의 공만 성령의 바람을 만난 것은 아닙니다. 코치도 성령의 바람을 만났습니다. 선수들의 삶이 달라진 것도, 팀의 분위기가 바뀐 것도 성령의 바람 덕분이었습니다. 이글스 팀의 연전연승의 행진도 성령의 바람을 만났기 때문입니다.

독수리는 아무데서나 날개를 펴지 않습니다. 먼저 노련한 감각으로 기류를 감지합니다. 상승기류가 있는 곳을 찾아다닙니다. 그리고 오직 그 기류가 있는 곳에서만 날개를 폅니다. 그다음은 독수리가 할 일이 없습니다. 독수리의 비상은 바람이 만들어 주기 때문입니다.

날개를 펴기 위해 바람을 간절히 찾아다니는 독수리처럼, 여호와를 간절히 갈망하는 성령의 사람이 되십시오. 큰일을 앞두고 있을수록, 인생의 중요한 고비를 넘을 때라면 더욱, 달음박질해도 지치지 않고 걸어도 피곤하지 않도록 새 힘을 부어 주시는 성령의 바람에 당신의 인생의 날개를 활짝 펴십시오. 그때 우리의 인생도 하늘 높이 솟구치는 독수리처럼 비상할 수 있습니다.

충만하게 하시는 이의 충만함으로

예수님의 부활과 함께 시작된 본격적인 교회의 역사는 다른 말로 하면 성령의 역사입니다. 오순절 마가의 다락방에서 120여 명에게 동시에 강림하신 성령님은 놀라운 지혜와 기적으로 교회를 성장시키셨습니다. 로마 제국과 유대인들의 집요한 핍박 속에서도 교회는 하루가 다르게 무섭게 성장했습니다. '성령이 임하면 땅 끝까지 이르러 내 증인이 되리라' 하셨던 예수님의 말씀이 그대로 이루어졌습니다.

특별히 성부 하나님과 성자 예수님 그리고 성령님이 어떻게 함께하시는지를 보여 주는 사건이 있었습니다. 성자 예수님이 세례 요한으로부터 세례를 받으실 때, 하늘로부터 "이는 내 사랑하는 아들이요 내 기뻐하는 자"(마 3:17)라는 음성이 들려왔습니다. 성부 하나님의 음성입니다. 이때 하늘로부터 비둘기처럼 내려와 성자 예수님에게 앉으신 분이 바로 성령님입니다.

분명히 서로 구별되지만 한 분이신 삼위일체 하나님은 완벽한 연합을 이루어 일하시며 우열의 차등이 없기 때문에 얼마든지 독자적으로 일하실 수도 있습니다. 예수님은 성령님을 가리켜 '그것'이라 하지 않고 '그'라고 하셨습니다.

"보혜사 곧 아버지께서 내 이름으로 보내실 성령 그가 너희에게 모든 것을 가르치고 내가 너희에게 말한 모든 것을 생각나게 하리라"(요 14:26).

성령님은 성부 하나님, 성자 예수님처럼 모든 지혜를 동등하게 알고 계십니다. 그렇기 때문에 우리를 가르칠 수 있고 생각나게 하십니다. 또한 감정도 갖고 계셔서 기뻐하기도 하고 근심하기도 하십니다. 심지어 우리를 대신해 탄식하기도 하십니다.

이런 성령님과의 동행에 대해 사도 바울이 말한 의미심장한 말씀을 보십시오.

"그런즉 너희가 어떻게 행할지를 자세히 주의하여 지혜 없는 자같이 하지 말고 오직 지혜 있는 자같이 하여 세월을 아끼라 때가 악하니라 그러므로 어리석은 자가 되지 말고 오직 주의 뜻이 무엇인가 이해하라 술 취하지 말라 이는 방탕한 것이니 오직 성령으로 충만함을 받으라"(엡 5:15-18).

이 말씀은 성령님과 동행하며 살아야 하는 성도에게 있어 반드시 제대로 이해해야 하는 중요한 말씀 중 하나입니다. 예수님이 명령하신 대로, 우리가 성령을 받으면 권능이 임해야 합니다. 곧 부활의 능력이자 하나님의 뜻이 우리의 삶 가운데 임하는 게 맞습니다. 우리 삶에서 일어나는 그 변화로 우리는 어디서든 '예수님의 증인'으로 살 수 있게 되는 것입니다.

그런데 신앙생활을 하다 보면 문득 예수님으로 인해 뜨거웠던 심장이 어느새 미적지근하고 차갑게 식은 것을 느낄 때가 있습니다. '분명 성령님이 내 안에 오셨는데, 그 기억이 너무도 생생한데 지금의 이 상태는 뭘까?' 하면서 불안해하는 사람들이 의외로 많습니다. 그것은 바로 앞의 말씀에서 말하는 '충만함의 결핍' 때문입니다.

여기에서의 충만함은 헬라어로 '플레로우스테'(plarouste)입니다. 이는 현재 분사형으로 사용되었는데, 이에 관한 권위 있는 신학자들의 해석은 다음과 같습니다.

> "한순간의 충만함이 아닌, 삶의 규칙적인 형태로서의 충만함."
>
> "not only a onetime 'filling' but a regular pattern of life."(《ESV 스터디 바이블》[부흥과개혁사 역간])

즉, 성령 충만함이 우리 삶을 구성하는 중요한 부분이 되어야 한다는 뜻입니다. 과거 언젠가 감격적이고 강력한 성령 체험을 한 것에서 끝나는 게 아니라, 매 순간 성령 체험을 하는 듯한 충만한 상태를 유지해야 된다는 것입니다. 그런 상태가 되기 위해서는 언제나 성령님의 인도하심을 받아야 합니다. 성령님이 가르치고 생각나게 하시는 것에 귀를 기울이고, 마음을 함께해서 예수님의 길을 선택하고 그 길을 가는 상태를 '충만함'이라고 말하는 것입니다.

그래서 이 '충만함'의 문제는 단순히 오늘날의 성도들뿐 아니라 초대 교회 성도들에게도 큰 숙제였습니다. 사도 바울은 거의 모든 서신서에서 성령과 동행하도록 당부하고 있습니다.

"내가 이르노니 너희는 성령을 따라 행하라 그리하면 육체의 욕심을 이루지 아니하리라 육체의 소욕은 성령을 거스르고 성령은 육체를 거스르나니 이 둘이 서로 대적함으로 너희가 원하는 것을 하지 못하게 하려 함이니라"(갈 5:16-17).

예수님을 믿기 시작하면서 이전에는 없었던 갈등이 시작됩니다. 당연히 시시비비(是是非非)를 따져서 냉정하게 결정해야 할 순간에 망설이게 됩니다. 이전에 눈에 띄지 않았던 사람들도 눈에 들어오기 시작합니다. 이상하게 늘 우울해 보이는 상사, 늘 피곤해 보이는 직장 동료, 출퇴근길에 마주치는 걸인과 종이 박스가 잔뜩 실린 리어카를 끌고 가는 백발의 노인들이 마음을 불편하게 합니다. 마음속에 새로운 갈등이 일어나는 이유는 우리 안에 계시는 성령이 우리의 자아와 씨름하시기 때문입니다. 성령님이 예수님의 삶을 기억나게 하시면서 우리의 선한 결정을 기다리시기 때문입니다.

이런 고민은 성도뿐만 아니라 사도들에게도 있었습니다. 사도 바울도 이렇게 자신의 심경을 토로한 적이 있습니다.

"그러므로 내가 한 법을 깨달았노니 곧 선을 행하기 원하는 나에게 악이 함께 있는 것이로다 내 속사람으로는 하나님의 법을 즐거워하되 내 지체 속에서 한 다른 법이 내 마음의 법과 싸워 내 지체 속에 있는 죄의 법으로 나를 사로잡는 것을 보는도다 오호라 나는 곤고한 사람이로다 이 사망의 몸에서 누가 나를 건져내랴" (롬 7:21-24).

오직 성령에 사로잡혀 낯선 이방인들에게 복음을 전하고 수많은 영혼을 주님에게로 돌이킨 바울조차도 이기적인 탐욕과 성령이 인도하시는 거룩한 마음 사이에서 평생 갈등을 하며 살았던 것입니다.

종교 개혁자 칼뱅(Jean Calvin)은 신앙의 특징을 '마음의 성향'이라고 정의했습니다. 신앙은 단순히 새로운 지식을 습득하는 데서 더 나아가 마음의 방향이 바뀌어야 한다는 것입니다. 내가 주인이 되기 위해 하나님을 등지고 가던 방향에서 돌이켜 하나님을 주인으로 모시고 살기 위해 하나님을 향하는 방향으로 살아가는 것입니다. 흔들리고 비틀거릴 때도 있지만, 마치 나침반의 바늘이 흔들리면서도 결국은 북쪽을 가리키듯이, 우리 마음의 성향이 항상 하나님을 향하는 것이 신앙입니다.

그래서 종교 개혁자 마틴 루터는, 세례는 한 번 받는 것으로 끝나지 않고 매일 세례 받는 삶을 살아야 한다고 했습니다. 옛 사람이 다시 주인 노릇 하려고 꿈틀거리는 것을 막기 위해 날마다 회개하고 기도하며, 매 순간 성령의 인도하심을 따르라는 뜻입니다. 우리의 옛 사람은 그리스도와 함께 죽고 이제는 그리스도와 함께 다시 살았으니, 그리스도가 주인 되는 삶을 살겠다는 결단을 매 순간 해야 한다는 것입니다.

예수님은 잡히시던 날 저녁에 제자들의 발을 씻겨 주셨습니다. 원래 종이 하던 일을 예수님이 하시려고 하자 놀란 베드로가 그것을 사양했습니다. 이때 예수님은 '그러면 너는 나와 상관없는 자다' 하시며 베드로의 발을 씻겨 주셨습니다. 그러자 베드로는 발뿐만 아니라 손과 머리까지도 씻어 달라고 합니다. 그때 예수님은 "이미 목욕한 자는 발밖에 씻을 필요가 없느니라 온몸이 깨끗하니라"(요 13:10)고 말씀하셨습니다.

삶의 방향을 돌이켜 그리스도와 합한 그리스도인들이 다시 회개할 필요는 없겠지만, 매일의 삶 속에서 하나님이 주인 되시는 삶을 지속하려면 매일 더러워지는 마음을 씻어 주시는 성령님의 인도를 따라 살아야 한다는 사실을 가르쳐 주신 것입니다.

체코 속담에 이런 말이 있습니다. "습관은 철로 만든 셔츠다. 한 번 입으면 벗을 수 없다." 아직은 세상 속에서 이미 형성된 강철 셔츠 같은 습관들이 우리를 힘들게 할 수도 있습니다. 그러나 포기하지 마십시오. 그리고 매일 우리의 더러워진 마음의 발을 성령님에게 맡기십시오. 그렇게 날마다 성령님과 함께 우리의 잘못된 마음의 성향과 삶의 습관들을 조금씩 씻어 내는 '성령 충만'한 삶을 계속해 나갈 때 비로소 반복적인 죄의 습관을 이기고 수많은 영혼들이 주님에게로 돌아오게 하는 삶을 살게 될 것입니다.

성령의 권능에 압도되어

우리는 기도를 '우리의 소원을 하나님에게 간구하는 것'이라고 생각합니다. 그래서 기도하고 원하던 바가 이루어지면 응답받았다고 간증합니다. 물론 기도에 그런 요소가 있긴 하지만 그것이 기도의 전부는 아닙니다. 왜냐하면 우리에게만 소원이 있는 것이 아니기 때문입니다. 하나님에게도 간절한 소원이 있습니다. 예수님이 가르쳐 주신 기도의 앞부분에 이런 내용이 나옵니다.

"하늘에 계신 우리 아버지여 이름이 거룩히 여김을 받으시오며 나라가 임하시오며 뜻이 하늘에서 이루어진 것같이 땅에서도 이루어지이다"(마 6:9-10).

예수님은 우리의 소원에 앞서 하나님의 소원을 위해 기도하라고 가르쳐 주셨는데, 그것은 바로 '하나님의 뜻을 이 땅에서도 이루시는' 것입니다.

그렇다면 하늘에서 이루어졌다는 하나님의 뜻은 무엇인가요? 두말할 것도 없이 하나님에게 등을 돌린 우리가 하나님 품으로 돌아가는 것입니다. 그리고 하나님의 통치 안에 있는 우리를 통해 온 인류가 서로 사랑하며 화목하게 사는 것입니다. 그래서 예수님은 공생애를 통해 이 땅에서 하나님 나라가 어떤 기준과 어떤 가치관으로 작동하는지 삶과 사역을 통해 가르쳐 주셨습니다.

예수님은 굶주린 서민들에게 일용할 양식으로 배를 불리시고, 수많은 병자들을 고쳐 주셨습니다. 심지어 사람들이 가까이하지 않는 나환자들을 직접 품고 손잡아 주시며 영육을 동시에 낫게 해 주셨습니다. 악령에게 눌리고 결박당한 영혼도 해방시켜 주셨고, 동족들에게 미움을 받던 세리도 환대해 주셨습니다. 심지어 음행을 저지르다 돌에 맞아 죽을 뻔한 여인도 구해서 용서해 주셨고, 인생의 목적과 의미를 알지 못하는 영혼들의 목마름도 해갈시켜 주셨습니다.

예수님이 오심으로 사람들은 천국을 '맛보게' 되었습니다. 탄식과 고통으로 가득한 세상 가운데서 하나님 나라의 풍성함과 충만함을 맛보게 해 주셨습니다. 그리고 부활해서 승천하시기 전, 이제 제자들에게도 이 땅 가운데 하나님 나라를 이루어 가라고 하시면서 성령을 받으라고 말씀하셨습니다.

"예수께서 또 이르시되 너희에게 평강이 있을지어다 아버지께서 나를 보내신 것같이 나도 너희를 보내노라 이 말씀을 하시고 그들을 향하사 숨을 내쉬며 이르시되 성령을 받으라"(요 20:21-22).

참 이상합니다. "성령으로 아니하고는 누구든지 예수를 주시라 할 수 없느니라"(고전 12:3)고 하는데 제자들은 이미 예수님을 주님이라고 고백하고 있습니다. 성령을 받았다는 뜻입니다. 그럼에도 불구하고 예수님은 다시 성령을 받으라고 하십니다. 이 말은 성령의 권능에 압도된 상태가 되어야 한다는 뜻입니다. 그래야만 하나님 마음에 우리 마음이 공명되어 하나님의 뜻을 따라 행동할 수 있게 됩니다.

예수님은 지극히 높으신 성자 하나님임에도 불구하고 공생애를 시작할 때 성령님이 강림하셔서 이후로 늘 함께하셨습니다. 그것은 우리에게 성령 하나님과 어떻게 동행하며 일하는가를 보여 주시기 위함이었습니다.

성부 하나님의 뜻은 하나님 나라가 이 땅에 임하게 하는 것입니다. 성자 예수님은 온전한 순종으로 이 땅에 하나님 나라의 기초를 세우셨습니다. 그러면 성령 하나님은 무슨 일을 하실까요? 성령 하나님은 우리를 권능으로 압도하셔서 하나님 나라의 통로, 즉 교회로 세우십니다.

이는 매우 중요한 사실입니다. 하나님의 뜻이 있으셔도, 예수님이 십자가의 죽음과 부활을 통해 하나님 나라와 이 땅 사이에 있던 막힌 담을 무너뜨리고 문을 열어 놓으셨어도, 성령님을 통해 우리 한 사람, 한 사람이 교회로 세워지지 않으면 아무 소용이 없습니다. 왜냐하면 예수님 자신이 이 땅에 오신 천국이었듯이, 이제 예수님을 구주로 믿는 우리 한 사람, 한 사람이 이 땅 위에 거룩한 교회로, 영광스러운 하나님 나라, 곧 천국으로 서야만 비로소 하나님 나라가 이 땅 위에 임하기를 소망하시는 '하나님의 뜻'이 이루어지기 때문입니다.

성령님은 바로 그 일을 돕기 위해 권능으로 우리에게 임하시는 것입니다. 그래서 예수님은 승천하시기 직전, 마지막으로 제자들에게 "오직 성령이 너희에게 임하시면 너희가 권능을 받고 예루살렘과 온 유대와 사마리아와 땅 끝까지 이르러 내 증인이 되리라"(행 1:28)고 말씀하셨던 것입니다. 그리스도의 증인이 되고, 더 나아가 하나님 나라가 이 땅에 임하는 통로로 쓰이는 데 사람의 힘이나 지혜나 능력은 필요 없다는 것입니다. 오직 성령의 권능에 압도되어야만 한다는 사실을 다시 한 번 강조하신 것입니다.

그렇게 성령님의 권능에 압도되면 우리 안에 성령의 열매인 교회의 미덕이 나타납니다. 그 첫 번째가 하나 되게 하시는 것입니다. 사도 바울은 우상의 소굴이었던 에베소에서 복음을 전할 때 이렇게 선포합니다.

"이는 그로 말미암아 우리 둘이 한 성령 안에서 아버지께 나아감을 얻게 하려 하심이라 그러므로 이제부터 너희는 외인도 아니요 나그네도 아니요 오직 성도들과 동일한 시민이요 하나님의 권속이라"(엡 2:18-19).

사도 바울은 유대인이 부정하게 여겼던 이방인들을 예수님 안에 '동일한 시민이요, 하나님의 권속'이라고 말합니다. 이 '하나 됨'의 경향성은 성령의 권능에 압도된 사람들에게 나타나는 전형적인 변화입니다. '나'와 '나의 유익'이 최우선이었던 삶에서 하나님이 사랑하시는 영혼과 '그의 유익'이 최우선인 삶으로 변합니다. 왜냐하면 하나님 안에서 그와 하나로 연합되도록 돕기 때문입니다. 예수님을 통해 영혼을 구원하기 원하시는 하나님의 마음에 공명되어 사랑하고 용서하게 됩니다. 심지어 자신의 소유를 개인의 것으로 여기지 않고 나누고 구제하는 일에 기쁘게 참여합니다. 그렇게 다른 사람과 '하나'가 되어 갑니다.

두 번째로, 성령님은 다양한 특성을 가진 성도들을 연합하게 하셔서 교회의 머리 되신 예수님의 몸으로 지어 가십니다. 이에 대해 성경은 "그의 안에서 건물마다 서로 연결하여 주 안에서 성전이 되어 가고 너희도 성령 안에서 하나님이 거하실 처소가 되기 위하여 그리스도 예수 안에서 함께 지어져 가느니라"(엡 2:21-22)고 말씀합니다.

저의 신앙은 오순절교회에서 시작되었습니다. 카투사(KATUSA)로 복무할 때는 루터교 신앙을 배웠습니다. 신학대학원에 들어가면서는 장로교 신앙을, 인도네시아 선교사 시절에는 화란 개혁교회, 침례교회, 감리교회, 오순절 교단 등과 동역했습니다. 언어 연수차 6개월을 방문한 영국에서는 성공회를 경험했습니다. 언젠가는 루마니아정교회에서 예배를 드린 적이 있는데, 무려 3시간 동안 서서 예배를 드렸습니다. 하마터면 쓰러질 뻔했습니다. 정말

제 타입은 아니었습니다. 미국에서는 구도자적 취향의 윌로우 크릭 교회에서 1년간 예배를 드렸습니다.

특성은 다양했지만, 저마다 하나님을 사랑하고 하나님의 뜻을 이루기 위해 나름대로 애쓰는 모습이었습니다. 저는 제 취향을 고집하지 않고 배웠으며, 무척이나 다양한 영성적 취향들을 이해하고 함께 교제하면서 성장해 왔습니다. 지금도 이단이나 사이비가 아니라면 더 배우고 싶습니다. 그리스도의 장성한 분량에 이르려면 아직 부족하기 때문입니다.

그런데 한 교회 안에도 참 다양한 사람들이 있습니다. 감성적이고 신비한 경험을 선호하는 이들이 있는가 하면, 지성적이고 합리적인 것을 좋아하는 이들도 있습니다. 통성 기도를 해야 하는 성도가 있는가 하면, 묵상 기도를 즐겨 하는 성도도 있습니다. 예배 전에 뜨겁게 찬송하며 마음을 준비하기 원하는 이가 있는가 하면, 묵직한 오르간 반주를 들으며 자신을 조용히 돌아보기 원하는 이도 있습니다. 기도 파가 있는가 하면, 성경 공부 파도 있습니다. 또한 양육과 성도 간의 교제가 중요하다고 하는 사람이 있는가 하면, 사역을 최우선으로 여기는 이도 있습니다. 성도 개인이 하나님과 친밀해지는 것이 제일 중요한 성도도 있고, 교회의 사회적 책임이 우선순위라고 주장하는 성도도 있습니다.

그런데 초대 교회 때는 더했습니다. 유대인은 사마리아 사람들과는 상종도 하지 않던 사이입니다. 이방인은 접촉도 하지 말라는 것이 율법의 가르침이었습니다. 병든 자, 세리, 창녀 및 나면서

부터 장애를 갖고 있는 사람은 성전에 들어올 수도 없었습니다.

그러나 성령의 권능에 압도된 제자들은 '기피 대상'인 이들을 향한 하나님의 긍휼하신 마음에 공명되어 이들과 온전한 하나가 되었습니다. 빌립이 먼저 사마리아로 가서 복음을 전했고, 그들이 복음을 받아들였다는 소식을 들은 베드로와 요한이 달려가 안수기도를 함으로 강력한 성령 체험의 역사를 만들어 냈습니다. 하나의 경험을 가진 하나의 교회가 된 것입니다.

이방인의 사도로 세워진 바울은 '헬라어'로 중동과 유럽 소아시아의 무수한 민족들에게 복음을 전했습니다. 그때마다 강력한 성령의 임재로 기적과 소동이 일어나고 교회가 탄생했습니다. 하지만 이들은 성령 안에서 서로 보지도 못한 교회를 위해 헌금을 보내고 서로 중보하며 하나가 되었습니다. 이처럼 성령의 권능은 강력한 힘으로 예수 안에 있는 모든 이들을 하나 되게 하십니다.

하나님은 우리가 각자의 영적 취향에 갇혀 지내는 것을 원치 않으십니다. 좋아하는 음식만을 편식하면 결국 필수 영양소의 결핍으로 건강을 해치게 되듯이, 영적 편식은 영적 성장을 막기 때문입니다. 그래서 우리에게는 영적 취향이 다른 지체가 필요합니다. 서로 겸손하게 배우며 연합할 때 교회가 풍성해집니다. 어린아이 같았던 교회가 청소년이 되고, 청년이 되고, 장성한 어른이 되어 큰 능력을 발휘하게 되는 것입니다.

성령의 권능에 압도되면 우리는 주님이 같은 공동체로 보내주신 교회 안의 그 누구와도 연합할 수 있습니다. 성령님의 도우심만 있다면 너무도 쉬운 일입니다. 왜냐하면 성령님은 예수님에 관해서 하나님의 뜻을 생각나도록 인도하고 가르치시는 영이기 때문입니다.

성령의 권능에 압도되는 삶은 선택의 문제가 아닙니다. 모든 성도에게 원하시는 하나님의 뜻이자 예수님의 명령입니다. 그러므로 만일 우리에게 그런 연합이 일어나지 않는다면, 성령의 임재를 구해야 합니다. 우리가 성령의 권능에 압도되어 그 인도하심 앞에 순종이 일어날 때까지 성령님의 도우심과 중보를 구해야 합니다. 성령님의 도우심이 없이는 복음을 안다 해도 우리에게서 아무런 능력이나 변화도 기대할 수 없기 때문입니다.

비록 우리가 포기하고 주저앉더라도 성령님은 세상 끝 날까지 우리와 함께하시며, 우리가 아름다운 교회로, 작은 예수로 굳건히 살아 낼 수 있도록 도우십니다. 그렇게 성령의 권능에 압도되어 변화되고 예수님 안에 하나가 되는 덕을 세워 갈 때, 교회는 오케스트라와 같은 풍성하고 신령한 집이 되어 예수님의 증인으로, 하나님 나라로 세상 가운데 서게 될 것입니다.

국민 배우 김혜자 씨가 출간한《꽃으로도 때리지 말라》(오래된 미래)라는 책에 실린 잭 캘리라는 기자의 체험담입니다. 그가 소말리아에서 기근이 매우 심한 마을에 들어갔을 때 한 작은 소년을 발견했습니다. 온몸은 벌레에 물린 채 영양실조에 걸려 배는 불룩 나와 있었습니다. 머리카락은 빨갛게 변했고, 피부는 백세 노인처럼 주름투성이였습니다.

마침 동행했던 사진 기자가 갖고 있던 과일을 주었지만 소년은 너무 허약해서 그걸 들고 있을 힘조차 없어 보였습니다. 그래서 기자는 그 과일을 반으로 잘라서 주었습니다. 그랬더니 소년은 고맙다고 인사를 하고는 마을로 천천히 걸어 들어갔습니다. 따라가 보니 어느 집 안에 이미 죽은 것처럼 보이는 아이가 있었습니다. 이미 죽은 것처럼 보이는 그 아이는 소년의 동생이었습니다.

소년은 동생 곁에 무릎을 꿇더니 손에 쥐고 있던 과일을 한 입 베어서는 그것을 씹었습니다. 그리고 동생의 입을 벌려 그것을 입안에 넣어 주었습니다. 그러고는 동생의 턱을 잡고 입을 벌렸다 오므렸다 하면서 동생이 씹도록 도와주었습니다. 그 소년이 자기 동생을 위해 보름 동안이나 그렇게 해 온 것을 기자 일행은 나중에야 알게 되었습니다.

며칠 뒤 소년은 영양실조로 죽었습니다. 그러나 소년의 동생은 끝내 살아남았습니다. 형은 동생을 먼저 살피느라 자신이 죽어 가는 것조차 몰랐던 것입니다.

우리는 믿음 안에서 만난 이들을 형제라고 부릅니다. 당신은 그들을 얼마나 사랑하고 있습니까? 예수님은 말씀하셨습니다.

"네 이웃을 네 자신같이 사랑하라"(눅 10:27).

6

이웃과의 동행, 사랑

"네 이웃을 네 자신같이 사랑하라"(눅 10:27).

예수님이라면

로마의 4대 성당 중 하나인 라테란 성당(San Giovanni in Laterano)은 천주교에서 베드로 성당 다음으로 중요한 곳이라고 합니다. 교황이 공식적으로 거주하는 곳이기 때문에 주교좌 성당이라고도 합니다.

이 성당을 보면 언젠가 들었던 교황 이노센트 4세(Innocent Ⅳ)와 토마스 아퀴나스(Thomas Aquinas)의 대화가 생각납니다. 교황 이노센트 4세가 라테란 성당으로 운반되고 있는 보물 자루들을 보고 흐뭇하게 미소 지으면서 곁에 있던 신학자 토마스 아퀴나스에게 말했습니다.

"베드로는 성전 미문 앞에서 나면서부터 못 걷게 된 이에게

'은과 금은 내게 없거니와'라고 말했지만, 이제 교회는 그런 말을 하지 않아도 될 것 같네. 교회가 가난했던 것도 다 옛날 일이지."

종교세를 거두어들여 이미 부자가 되어 버린 당시 교회는 초대 교회와 사뭇 달랐습니다. 가난하지도 않았고, 핍박을 받지도 않았습니다. 오히려 화려하고 세도가 대단했습니다. 그런 세태를 회개할 줄은 모르고 자랑스럽게 여기는 교황이 안타까워, 토마스 아퀴나스는 한숨을 쉬며 이렇게 대답했다고 합니다.

"그렇습니다. 그런데 동시에, 이제 교회는 걷지 못하는 이에게 '일어나 걸어라'라는 말도 못 하는 경건의 능력을 상실한 곳이 되었습니다. 걷지 못하는 사람들을 일으킨 것도 이젠 다 옛날이야기가 되었습니다."

교회가 은과 금을 의지하다 보니 더 이상 예수님의 능력이 나타나지 않게 되었다는 뜻입니다.

프랑스의 샤르트뢰즈(Chartreuse)라는 수도원을 배경으로 한 〈위대한 침묵〉이라는 다큐멘터리 영화를 본 적이 있습니다. 이 영화를 볼 때 무척 당황했던 기억이 나는데, 영화가 시작된 뒤 거의 30분 동안 대사가 한마디도 없는 것입니다. 그냥 수도원의 일상을 시간의 흐름대로 사실적으로 담은 다큐멘터리였습니다. 수도사 한 사람, 한 사람의 담백한 얼굴을 찬찬히 보여 주기도 하고, 느릿느릿 걸어가거나 종을 치는 모습, 식사와 노동하는 장면과 수도원 주변의 아름다운 자연을 담은 영상이 무려 2시간 48분이나 계속됩니다.

이 다큐멘터리를 제작한 필립 그로닝(Philip Groning) 감독은 시간을 다루는 또 하나의 삶의 방식을 영상에 담고 싶었다고 말했습니다. 똑같은 하루를 살면서 우리와는 전혀 다른 속도로 살고 있는 사람들이 있다는 걸 말하고 싶었다고 합니다. 우리는 늘 시간에 쫓깁니다. 너무 바빠 좋은 남편, 좋은 아내, 좋은 부모, 좋은 친구가 되어 줄 겨를도 없이 쫓기며 살아가고 있습니다. 그렇게 하나님의 살아 있는 성전인 우리의 삶에서도 교회의 능력은 사라진 지 오래입니다.

약 115년 전인 1895년에 미국의 찰스 셸던(Charles Sheldon)이라는 사람이 쓴 《예수님이라면 어떻게 하실까》라는 책은 지금까지 21개국 이상의 언어로 번역되었고 세계적으로는 6천만 부 이상이 팔린 세기적인 베스트셀러입니다.

작가는 미국의 한 교회를 무대로 이야기를 시작하고 있습니다. 어느 토요일 오후, 헨리 맥스웰 목사가 집에서 주일 설교 원고를 준비하고 있는데 30대 중반의 초췌한 남자가 찾아와 답답한 사정을 하소연합니다. 회사에 들여온 새 기계에 잘 적응하지 못해 해고를 당했다는 것입니다. 살길이 막막한데 아내마저 중병에 걸려서 시름시름 앓다가 세상을 떠났습니다. 어쩔 수 없이 아이들은 친척 집에 맡겨 놓고 일자리를 구하려 백방으로 다녀 보았지만 지금까지도 얻지 못해 떠돌이 생활을 하고 있다는 것이었습니다. 그러면서 맥스웰 목사에게 간절히 애원했습니다.

"목사님, 저에게 일자리 하나 구해 주실 수 없겠습니까? 무슨 일이든 일하게만 해 주시면 열심히 하겠습니다. 그러면 아이들도 저와 함께 살 수 있습니다."

맥스웰 목사는 난처했습니다. 잘 알지도 못하는 이 사람을 자기가 아는 누구에게 소개해야 할지 도무지 생각이 나지 않았습니다. 그는 고민 끝에 이렇게 답했습니다.

"미안합니다. 직장을 알아봐 주는 것은 아무래도 제가 할 수 있는 일이 아닌 것 같습니다. 그 대신 제가 기도해 드리겠습니다."

그 남자는 몹시 실망한 기색으로 떠났습니다. 맥스웰 목사의 마음도 편치가 않았습니다. 그런데 몇 주 후 주일 예배 시간에, 그 남자가 앉아 있다가 예배가 끝나자마자 비틀거리며 앞으로 나와서 힘겹게 말을 했습니다.

"저는 여러분들에게 돈을 그냥 달라고 하지 않았습니다. 허드렛일이라도 좋으니 일자리를 좀 구해 달라고 부탁했습니다. 여러 사람들에게 통사정을 했습니다. 그런데 아무도 도와주지 않았습니다. 여러분, 만일 예수님이라면 어떻게 하실까요?"

그는 이렇게 말을 하고는 그 자리에서 쓰러졌습니다. 맥스웰 목사는 그를 집으로 데리고 가서 정성스럽게 돌보아 주었습니다. 하지만 며칠 뒤 그는 결국 숨을 거두고 말았습니다. 그때부터 맥스웰 목사의 귀에서는 그가 남긴 말이 떠나질 않았습니다.

'예수님이라면 어떻게 하실까?'

맥스웰 목사는 하나님이 그 남자를 통해 말씀하신 것이라고 확신했습니다. 그리고 그다음 주일, 그는 성도들 앞에서 진심으로 회개했습니다.

“저는 지금까지 예수님에 대해 설교해 왔습니다. 그러나 정작 제 자신은 예수님의 마음을 품고 살지 못했습니다. 이 시간 회개합니다. 그리고 여러분에게 한 가지 제안을 드리려고 합니다. 오늘부터 1년 동안 ‘예수님이라면 어떻게 하실까?’ 이 질문을 하면서 살면 어떻겠습니까? 가정에서나 학교에서도 이 질문을 먼저 합시다. 사업장에서나 직장에서도 이 질문을 먼저 하고 일을 시작하기로 합시다.”

진심이 가득 담긴 맥스웰 목사의 제안에 성도들도 아멘이라고 화답하고 실천에 옮겼습니다. 이후 교인들의 삶에는 많은 변화가 일어납니다. 교회도 이웃 사람들에게 감동을 주기 시작합니다. 소설이지만 실제로 얼마든지 일어날 수 있는 이야기입니다. 그리고 이 질문은 오늘 우리의 삶에도 필요합니다.

당신 앞에 당신에게 도움을 청하는 어려운 이웃이 있습니까? 하지만 선뜻 손을 내밀어 돕기가 좀 망설여집니까? 만일 예수님이라면 어떻게 하실까요?

사랑, 포도주가 된 물 이야기

19세기 초 케임브리지대학에서 있었던 일입니다. 그날은 종교학 시험 시간이었습니다. 시험 문제는 물을 포도주로 변화시킨 예수님의 혼인 잔치 기적을 신학적인 관점에서 해석하라는 것이었습니다. 강의실 안의 모든 학생들이 답안지 작성에 열중할 때 한 학생은 멀뚱히 창밖의 먼 산만 바라보고 있었습니다. 시험을 감독하던 교수는 그 학생에게 다가가 말했습니다.

"왜 답안을 작성하지 않나?"

"쓸 말이 없습니다."

시험이 끝나기 5분 전까지도 그 학생은 미동도 않은 채 창밖만 바라볼 뿐이었습니다. 이제 강의실에는 교수와 학생 두 사람만 남았습니다. 교수는 학생에게 최후통첩을 했습니다.

"단 한 줄이라도 쓴다면, 낙제는 면제해 주겠네."

이윽고 학생은 펜을 들더니 단숨에 한 문장을 쓰고 제출했습니다. 그리고 이 답안을 본 교수는 학생에게 최우수 학점을 주었습니다. 답안은 이러했습니다.

"물이 그 주인을 만나니 얼굴이 붉어지더라."

그 학생은 훗날 명성을 떨친 영국의 시인 바이런(George Gordon Byron)이었습니다.

가나 혼인 잔치가 한창 무르익었을 무렵, 유대 혼례 전통에서 일어나서는 안 될 일이 일어나고 말았습니다. 포도주가 떨어진 것입니다. 이대로라면 잔치는 끝날 수밖에 없고, 혼주의 체면은 땅에 떨어지게 됩니다. 그때 예수님이 항아리의 물을 변화시켜 포도주로 만들어 주십니다. 손님들은 이구동성으로 "사람마다 먼저 좋은 포도주를 내고 취한 후에 낮은 것을 내거늘 그대는 지금까지 좋은 포도주를 두었도다"(요 2:10)라고 주인을 칭찬했고 잔치에는 기쁨이 넘쳤습니다.

갈릴리 가나 혼인 잔치의 기적은 예수님의 공생애 사역의 첫 번째 표적으로 주목을 많이 받습니다. 그러나 바이런은 이 표적을 예수님의 사랑에 관한 비유로 해석한 것입니다. 물은 스스로 포도주가 될 수 없습니다. 예수님을 만나야 포도주가 될 수 있습니다. 마찬가지로 맹물 같은 우리 힘으로는 사랑할 수 없습니다. 우리도 예수님을 만나야 잘 숙성된 포도주 같은 깊은 사랑의 향을 풍길 수 있습니다.

여기 포도주 인생을 살고 있는 아버지와 딸이 있습니다. 무신론자임을 자처하던 한국의 지성, 이어령 교수는 일흔 살이 넘어서야 예수님을 만났습니다.

그가 예수님을 믿게 된 결정적인 계기는 딸 이민아 씨가 실명의 위기에 처했기 때문입니다. 이어령 교수는 '딸의 눈만 뜨게 해주신다면 나의 여생을 주님에게 바치겠다'고 서원했는데, 기적이 일어났습니다. 서원 기도를 한 지 7개월 만에 이민아 씨를 실명의 위기로 몰고 갔던 망막박리 증세가 감쪽같이 사라진 것입니다. 그는 이후 딸의 간청을 받아들여 복음을 받아들이고 세례를 받았습니다. 당시 이어령 교수는 딸에게 이런 말을 했다고 합니다.

> "이 기적을 사람들한테 떠들고 다니지는 말자. 기적은 상징이 아니라 분명한 실제다. 그러나 기적이 신앙의 전부는 아니다. 하나님이 그 존재를 알리기 위해 인간에게 보내는 중요한 신호다. 하지만 기적은 신앙의 본질이 아니다. 신앙의 본질은 예수 그리스도를 통해 나타난 하나님의 사랑이다. 사랑의 실천이 없는 기적은 신앙이 아니다. 사교에 불과하다."

이어령 교수는 초신자임에도 불구하고 기독교 신앙의 핵심 본질이 사랑이라는 사실을 알았습니다. 예수님을 만난 뒤 그의 얼굴은 예수님의 사랑으로 붉어졌습니다. 포도주 인생을 사는 하나님의 사람이 된 것입니다.

미국에서 법조인으로 활동하던 이민아 씨는 2009년에 목사가 되었습니다. 겉으로 보기엔 유명한 아버지, 좋은 학력과 직업 등 부족함이 없었지만, 이혼과 갑상선암 발병, 실명의 위기, 둘째 아들의 자폐아 판정, 맏아들 유진의 갑작스러운 죽음 등 시련이 계속 이어졌습니다. 감당할 수 없는 고통과 깊은 절망의 늪에서 이민아 씨는 어떻게 주님을 붙들 수 있었을까요?

2011년 8월 14일자 〈조선일보〉에 '사랑의 기적을 믿습니까?'라는 제목으로 이민아 씨와의 인터뷰 기사가 실린 적이 있습니다. 그중에 이런 내용이 있습니다.

> "검사, 변호사로 일하면서 청소년 문제 상담 활동을 열심히 해 왔지만, '내 아이'와 '다른 아이'를 가르는 벽이 내 마음에 있었다. 유진이가 죽은 뒤 그 벽이 사라진 거다. 아이들을 엄마의 사랑으로 품어 주었더니 변하기 시작하더라. 술과 마약을 끊고 부모에게 돌아가더라. 서른 명의 아이들이 나를 '마마 미나'로 불렀다. 유진이가 그리워 내가 울면 아이들이 나를 안고 기도해 줬다. 유진이의 죽음이 한 알의 밀알로 내 가슴에 떨어져 이기적이었던 나를 세상의 어머니로 거듭나게 했다."

아들 유진을 키우는 마음으로 서른 명의 아이들을 돌보는 동안 이민아 씨는 예수님을 새롭게 만났던 것입니다. 그리고 사랑이 모든 것이라는 진리를 깨닫게 되었습니다. 이후 이민아 씨는 예수님 사랑으로 붉어진 포도주 인생을 살았습니다. 그녀의 기도 제목은 한 가지뿐이었습니다.

> "내 마음에 사랑이 강물처럼 흐르게 하소서. 사랑이 모든 것을 이긴다. 모든 죽은 것들을 살린다."

당신은 지금 어떤 삶을 살고 있습니까? 우리는 무엇을 위해 살다 가야 할까요? 우리가 방언과 천사의 말을 할 수 있다면 좋겠습니다. 하나님과 우주 역사에 관한 모든 비밀과 모든 신비 지식을 알고, 태산을 옮길 만한 대단한 믿음이 제게 있다면 정말 기쁠 것 같습니다. 가난한 성도들과 이웃들을 위해 모든 것을 다 바쳐 구제할 수 있다면, 내 몸마저 불사르게 내어 줄 수 있다면 얼마나 좋을까요?

하지만 성경은 사랑이 없이도 이 모든 일들을 할 수 있다고 말씀합니다. 사랑하지 않고서도 하나님의 일을 얼마든지 해낼 수 있다는 것입니다. 다시 말해, 나 자신이 신앙과 사역의 목적이 될 수 있다는 것입니다. 내가 유명해지고, 내가 주목받고, 내가 성공하는 것입니다.

이런 우리 가운데 예수님이 오셨습니다. 하나님은 예수님을 통해 하실 일을 이사야 선지자에게 미리 알려 주셨습니다.

"만군의 여호와께서 이 산에서 만민을 위하여 기름진 것과 오래 저장하였던 포도주로 연회를 베푸시리니 곧 골수가 가득한 기름진 것과 오래 저장하였던 맑은 포도주로 하실 것이며 또 이 산에서 모든 민족의 얼굴을 가린 가리개와 열방 위에 덮인 덮개를 제하시며 사망을 영원히 멸하실 것이라 주 여호와께서 모든 얼굴에서 눈물을 씻기시며 자기 백성의 수치를 온 천하에서 제하시리라 여호와께서 이같이 말씀하셨느니라"(사 25:6-8).

하나님이 우리를 위해 예비하신 극상품 포도주는 바로 예수님입니다. 예수님은 하나님을 사랑해서 하나님의 뜻에 죽기까지 순종하셨습니다. 그리고 죄인인 우리를 위해 목숨을 내주셨습니다. 그것이 사랑입니다. 예수님은 사랑하며 사셨고, 사랑 때문에 죽으셨습니다. 그리고 우리에게도 사랑하며 살라고 당부하셨습니다.

"네 마음을 다하고 목숨을 다하고 뜻을 다하여 주 너의 하나님을 사랑하라 하셨으니 이것이 크고 첫째 되는 계명이요 둘째도 그와 같으니 네 이웃을 네 자신같이 사랑하라 하셨으니 이 두 계명이 온 율법과 선지자의 강령이니라"(마 22:37-40).

하나님의 사람들은 사랑하며 사는 사람들입니다. 그런데 그 사랑은 우리에게 없습니다. 예수님을 만나 예수님과 더불어 살 때 사랑이 무엇인지 알게 되고, 우리가 한량없는 사랑을 값없이 받았다는 사실을 알게 됩니다. 그 사랑에 우리도 얼굴이 붉어진 극상품 포도주 인생이 되는 것입니다.

"물이 그 주인을 만나니 얼굴이 붉어지더라."

타인능해(他人能解)

조선 영조 때 무과에 급제해 낙안 군수를 지냈던 류이주라는 분의 이야기입니다. 류이주는 고향인 전남 구례군 토지면 오미리에 낙향해 아흔아홉 칸짜리 집을 짓고 그 이름을 운조루(雲鳥樓)라 불렀습니다. 운조루는 조선 후기 품격 있는 사대부 집의 건축 양식을 볼 수 있는 곳으로 그 이름 역시 일품입니다. '구름과 새가 지치면 찾아오는 집'이라는 뜻으로, 중국의 시인 도연명의 〈귀거래사〉에서 따온 이름인데, 왠지 그 뜻이 성경 말씀에 나오는 겨자 나무를 연상하게 해서 늘 생각만 해도 기분이 좋은 이름입니다.

그러나 이 집이 더 유명해진 이유는 따로 있습니다. 이 집 곳간에 자리 잡은 쌀뒤주 때문입니다. 쌀 세 가마는 족히 들어갈 정도의 거대한 쌀뒤주인데, 수해를 입거나 흉년이 들어서 마을 사람들이 굶주리면 류이주는 이 뒤주에 쌀을 채우고 원하는 만큼 가져가도록 했습니다. 그리고 그 뒤주에는 커다랗게 '타인능해', 즉 '이 집 사람이 아니어도 이 뒤주를 열 수 있다'고 써 붙여 놓았습니다. 가난한 이들이 맘 편히 가져가도록 배려한 것입니다.

처음 곳간을 열었을 때는 인산인해(人山人海)를 이루었습니다. 뒤주를 둘러싼 몸싸움도 치열했습니다. 언제 뒤주의 쌀이 떨어질지 모르기 때문입니다. 그런데 신기하게도 쌀은 떨어지기가 무섭게 다시 채워졌습니다. 그러자 사람들은 언제든지 쌀을 가져갈 수 있다는 사실을 차츰 알게 되었고, 쌀이 필요한 다른 사람을 위해 남겨 놓기도 했습니다.

쌀뒤주가 있다고 해서 놀고먹는 게으른 사람은 없었습니다. 오히려 더 열심히 일을 하고 서로 작은 것이라도 나누기 시작하면서 마을 분위기도 바뀌었습니다. 타인능해의 전통은 대를 이어 계속됐습니다.

경주 최 부잣집 역시 400년간 나눔의 삶을 실천한 한국의 대표적인 노블리스 오블리제(noblesse oblige) 가문입니다. 이들이 조선 최고의 부자가 된 것은 조선 현종 즈음인 최국선 때였습니다. 1671년에 흉년이 들어 농민들이 쌀을 빌려간 것을 못 갚게 되자 최국선은 이를 안타까워하며 아들 최의기 앞에서 농민들의 빚 담보 문서를 모두 불살랐습니다. 그리고 죽을 쑤어 거지가 된 농민들에게 푸짐하게 나누어 주었으며, 보리가 여물지 않은 3월과 4월의 보릿고개엔 100석이나 되는 쌀을 이웃에게 나누어 주었습니다. 특히 '사방 백리 안에 굶어 죽는 사람이 없게 하라'는 가훈에 따라 가난한 이웃 구제를 위해 다양한 일들을 해 나갔습니다.

그중에 대표적인 것이 '구멍 뒤주'입니다. 어려운 사람들이 손을 집어넣어 잡히는 만큼 쌀을 가져가도록 쌀뒤주에 구멍을 뚫어 놓았다 해서 붙은 이름입니다. 1년 수확이 쌀만 3천 석이었는데, 1천 석은 집에서 쓰고, 1천 석은 손님을 위해 베풀고, 나머지 1천 석은 주변 어려운 사람들에게 나누어 주었습니다. 흉년 시에는 빈민을 구제하고, 급한 돈이 필요한 사람들에게는 이자를 받지 않고 돈을 빌려주었을 뿐 아니라, 불가피하게 돈 갚을 형편이 되지 않을 때에는 과감하게 그들이 담보로 내어 준 토지대장이나 집문서를 태워 빚을 탕감해 주는 등, 어려움에 처한 사람들을 극진히 배려했습니다.

운조루 사람들이나 경주 최 부잣집이 세상의 존경을 받은 것은 그들이 '가진' 것이 아닌 그들이 '나눈' 것 때문이었습니다.

헨리 나우웬(Henri Nouwen)의 《열린 손으로》(성바오로출판사 역간)라는 책에는 정신병원에 있는 한 할머니가 등장합니다. 그 할머니는 병원에 도착하는 날부터 무척 거칠었습니다. 비명을 지르고 닥치는 대로 물건을 집어 던지기도 했습니다. 그런데 할머니는 늘 오른손을 꽉 쥐고 있었습니다. 잔뜩 힘을 주고 절대 펴지 않았습니다. 누가 다가와서 손가락을 펴 줄라치면 필사적으로 저항했습니다. 잠든 틈에 그 손을 보니 그 안에는 동전 하나가 있었습니다. 그 작은 동전 하나를 목숨처럼 쥐고 있었습니다. 헨리 나우웬은 묻습니다.

"우리도 이 할머니처럼 훅 불면 금방 사라질 먼지 같은 것을 움켜쥐려고 온 힘을 기울이는 것은 아닐까? 이것은 올바른 성도의 태도가 아니다. 열심히 수고하고 사는 게 맞지만, 오히려 손은 활짝 펼쳐서 하나님의 인도하심을 구해야 한다. 내게 해로운 것은 하나님이 거둬가 주시고, 꼭 있어야 할 것만 손바닥 위에 올려 주시기를 간절히 바라고 힘써야 한다."

우리 중 많은 사람들이 확실한 인생의 답을 쥐기 위해 하나님을 신뢰하는 모험을 포기합니다. 우리 앞에 펼쳐진 미지의 길에 대한 두려움이 아버지 하나님의 선하신 역사와 무한한 사랑에 대한 어린아이 같은 신뢰를 무너뜨립니다. 그로 인해 그들은 작은 사랑을 나누고 영원한 사랑을 받는 축복을 놓치게 됩니다.

"너희는 세상의 소금이니 소금이 만일 그 맛을 잃으면 무엇으로 짜게 하리요 후에는 아무 쓸 데 없어 다만 밖에 버려져 사람에게 밟힐 뿐이니라 너희는 세상의 빛이라 산 위에 있는 동네가 숨겨지지 못할 것이요 사람이 등불을 켜서 말 아래에 두지 아니하고 등경 위에 두나니 이러므로 집 안 모든 사람에게 비치느니라 이같이 너희 빛이 사람 앞에 비치게 하여 그들로 너희 착한 행실을 보고 하늘에 계신 너희 아버지께 영광을 돌리게 하라"(마 5:13-16).

착한 행실은 예수님이 우리에게 하신 명령입니다. 이웃에게 사랑을 베푸는 일은 선택이 아닌 당연한 일인 동시에 축복의 통로입니다. '타인능해'의 나눔을 시작한 이들은 과연 그 뒤주에 얼마나 많은 쌀을 공급해야 하는지 알았을까요? 확실한 답은 없었습니다. 중요한 것은 그들이 그 엄청난 나눔을 대를 이어서 할 수 있었다는 것입니다. 그 정도의 풍성함을 대를 이어 누렸다는 것입니다.

몇 년 전에 사랑이라는 주제로 모인 한 집회에서 초청 강사가 '사랑해'의 반대말이 무엇인지를 물었습니다. 유머 퀴즈에 익숙한 성도님 한 분이 제일 뜨거운 바다는 '사랑해'이니까 제일 차가운 바다는 '썰렁해'라고 답했습니다. 전혀 말이 안 되는 건 아니었지만, 정답은 아니었습니다. 정답은 뜻밖에도 '사랑했어'였습니다. 사랑은 언젠가가 아닌 지금 하는 것입니다. 한 번 하면 끝이 아닌, 항상 하는 것입니다. 주님이 계신 곳까지 가기 위해 놓을 수 있는 다리는 내가 베푼 사랑뿐입니다.

한희철 목사님이 쓴 〈어느 날의 기도〉에 나오는 한 구절이 생각납니다.

"미리 내 안에 답을 두고서 모르는 척 당신께 묻는 일 없게 하소서."

사랑해야 한다는 답은 바리새인도, 율법 선생도 알았습니다. 그들처럼 내 이웃이 누구냐고 '모르는 척하면서' 묻지 마십시오. 지금 내게 도움을 청하는 사람의 손길을 외면하면서까지 꼭 쥐려고 애쓰는 그 답은, 할머니가 꼭 쥐고 있던 동전 한 닢인지도 모릅니다.

보아스의 선택

이 이야기는 지금으로부터 약 3천 년 전, 보리 추수가 한창인 베들레헴의 한 들녘에서 시작됩니다. 요즘으로 말하면 먹을 것이 없는 다문화 가정의 여인이 떨어진 알곡을 주우려고 남의 밭에 들어갔다가 덜컥 밭의 주인과 마주치게 되었습니다. 밭 주인의 이름은 보아스, 이 이방 여인은 베들레헴에 온 지 얼마 되지 않은 모압 여인 룻이었습니다.

룻이 자기 고향인 모압 땅을 떠나 이곳 베들레헴으로 오게 된 것은 시어머니 나오미 때문입니다. 나오미는 원래 이곳 베들레헴 사람으로 이 지역의 유력자 엘리멜렉의 아내였습니다. 그런데 젊은 시절 베들레헴에 흉년이 들어 남편을 따라 모압 땅으로 이사를 가게 되었습니다.

하지만 모압 땅에서 남편 엘리멜렉과 두 아들이 모두 병들어 죽고 맙니다. 낯선 이방 땅에서 의지할 곳 없는 과부가 되어 살아가던 나오미에게 고향 베들레헴에 풍년이 들었다는 소식이 들려옵니다. 나오미는 이제라도 베들레헴으로 돌아가야겠다고 결심한 뒤 모압 여인인 두 며느리에게 친정으로 돌아가도록 허락합니다. 그런데 작은 며느리 룻은 늙고 병든 시어머니를 떠나지 않겠다고 고집을 부립니다.

"내게 어머니를 떠나며 어머니를 따르지 말고 돌아가라 강권하지 마옵소서 어머니께서 가시는 곳에 나도 가고 어머니께서 머무시는 곳에서 나도 머물겠나이다 어머니의 백성이 나의 백성이 되고 어머니의 하나님이 나의 하나님이 되시리니 어머니께서 죽으시는 곳에서 나도 죽어 거기 묻힐 것이라 만일 내가 죽는 일 외에 어머니를 떠나면 여호와께서 내게 벌을 내리시고 더 내리시기를 원하나이다"(룻 1:16-17).

룻은 단순히 나이 든 시어머니를 봉양하기 위해 따라 나서겠다는 것이 아니었습니다. 룻은 어느새 나오미의 하나님을 믿고 있었던 것입니다. 룻에게 하나님을 경외하는 마음이 있다는 사실을 알게 된 나오미는 룻과 함께 고향으로 돌아옵니다.

마침 베들레헴에서는 보리 추수가 시작되고 있었습니다. 유대 땅에는 추수철에 가난한 이들이 밭에 와서 떨어진 이삭 줍는 것을 허용하는 아름다운 풍습이 있었습니다. 이 전통을 잘 알고 있었던 나오미는 룻에게 이삭줍기를 허락합니다.

지금도 이 전통은 다른 방식으로 유지되고 있습니다. 유대인들에게는 하나님의 정의라는 뜻을 가진 '체다카'라는 풍습이 있습니다. 예를 들어, 시장의 상인들은 가게 문을 닫기 전에 팔고 있던 식품의 일부를 포장합니다. 그리고 그 포장 식품을 가난한 사람들이 자유롭게 가져가도록 한쪽으로 분리해 둡니다. 대표적인 '체다카' 풍습입니다.

유대인 가정에서는 어린아이부터 어른까지 잔돈을 한 푼, 두 푼 저금통에 모았다가 가득 차면 가난한 이웃을 돕기 위한 기부금으로 보냅니다. 이 저금통 자체를 '체다카'라고 부릅니다. 유대인 자녀들은 가난한 사람들을 돕는 것을 '하나님의 정의'를 실천하는 것이라고 배우며 자랍니다. 동남아의 쓰나미 재해 때 구호물자와 의료진을 제일 먼저 보낸 나라가 이스라엘이었고, 국민 1인당 기부금이 제일 높은 나라도 이스라엘입니다. 수천 년 동안 가난한 이들을 배려해 온 이스라엘의 전통을 엿보게 합니다.

다시 3천 년 전 룻의 이야기로 돌아가서, 나오미 대신 이삭을 주우러 거리에 나섰다가 밭의 주인과 마주친 룻은 어떻게 되었을까요? 우리가 잘 알다시피, 하나님의 섭리 안에 있는 우리의 인생에서 만남은 결코 우연이 아닙니다. 특히 만나기 쉽지 않은 사람들의 우연한 만남은 하나님의 세심한 예비하심입니다. 보아스와 룻의 만남이 그 대표적인 사례인데, 하나님이 예비하신 만남에는 하나님이 예비하신 상상 그 이상의 축복이 있습니다.

먼저, 보아스는 처음 보는 낯선 이방 여인이 나오미의 며느리라는 사실을 알고 자기 밭에서 마음껏 이삭을 주워도 좋다고 선뜻 허락해 줍니다. 그러면서 깜짝 놀라 땅에 엎드린 룻에게 "여호와께서 네가 행한 일에 보답하시기를 원하며 이스라엘의 하나님 여호와께서 그의 날개 아래에 보호를 받으러 온 네게 온전한 상 주시기를 원하노라"(룻 2:12) 하며 그녀를 축복합니다.

보아스는 시어머니를 향한 지극한 효성과 하나님을 향한 믿음으로 낯선 유대 땅까지 온 룻이 하나님의 온전한 상을 받을 만하다고 생각했습니다. 그래서 자신의 밭에 들이고 배불리 먹도록 대접했을 뿐 아니라, 일꾼들을 시켜서 곡식 다발에서 일부러 이삭들을 흘리게 해 룻이 더 많은 이삭을 주워 가도록 배려합니다.

그런데 룻을 향한 보아스의 배려는 거기에서 끝나지 않습니다. 룻이 하나님의 축복을 받기 원하는 마음으로 시아버지 엘리멜렉 가문의 권리를 회복시켜 주는데, 그 과정에서 룻을 아내로 맞이합니다. 이로써 룻뿐만 아니라 시어머니 나오미도 살길이 열렸습니다. 남편의 죽음과 함께 마라(쓴 물)와도 같이 변했던 나오미는 원래 자기 이름 그대로 삶의 '기쁨'을 되찾게 된 것입니다.

여기까지는 고향에서의 안전한 삶을 버리고 하나님을 선택한 룻이 보아스를 통해 하나님의 축복을 받게 된 이야기입니다. 실제로 보아스는 룻에게 예수님과 같은 존재로, 예수님을 만난 인생이 어떤 축복을 받게 되는가를 보여 주고 있습니다.

그런데 여기서 우리는 보아스를 돌아볼 필요가 있습니다. 하나님의 축복을 받아 마땅한 여인을 도와준 보아스는 이후 어떻게 되었을까요?

사실 룻을 만났을 때 보아스는 아내도, 자식도 없었습니다. 유다 지파의 후손으로 마땅히 대를 이어야 했던 입장이었음에도 그는 홀몸으로 늙어 가고 있었습니다. 돈이 많은 지역의 유력자였지만 그리 행복한 삶은 아니었을 것입니다.

그러던 차에 오래전 고향을 떠났던 친족 엘리멜렉의 아내 나오미가 과부가 되어 고향으로 돌아옵니다. 자신도 홀몸으로 늙고 있던 암담한 처지였지만 과부가 된 나오미를 돕기 시작했고, 그것이 계기가 되어 룻을 아내로 맞아 대가 끊길 뻔한 불운을 면하게 됩니다. 그런데 그뿐이 아닙니다. 얼마 뒤 보아스는 룻과의 사이에서 아들을 낳게 되는데, 그 아들이 바로 이새의 아버지이자 다윗의 할아버지인 오벳입니다. 즉, 보아스는 친족 나오미에게 도움의 손을 내민 것이 계기가 되어 예수님의 조상이 된 것입니다. 하나님의 마음을 실천하는 자, 하나님의 날개 아래 보호하심을 바라고 온 이를 돕고자 했던 보아스의 선택은 하나님의 축복을 끌어들이는 열쇠가 되었습니다.

우리 주변에도 나오미나 룻 같은 사람들이 있습니다. 어려운 상황에서도 세상과 짝하지 않고 어떻게 해서든 하나님의 뜻을 따라 살기 위해 하나님의 날개 아래로 모여든 사람들입니다. 이들에게 우리가 보아스와 같은 사람이 되면 좋겠습니다. 우리에게 보내신 나오미와 룻을 축복하기 원하시는 하나님의 마음을 따라, 우리도 보아스처럼 그들을 나의 창고에 들이고, 나의 식탁에 앉히며, 더 나아가 나의 가족으로 받아들일 때, 하나님은 메마른 내 삶에 생기를 부어 주시고, 우리의 문제를 해결해 주실 것입니다.

우리 삶에는 언제나 문제가 있습니다. 그런데 그 문제를 바라보기 시작하면 나오미나 룻은 보이지 않습니다. 보여도 도울 수가 없습니다. 나의 도움이 필요한 이웃이 있을 때 먼저 그들에게 손을 뻗어 함께하는 사람, 그 사람이 바로 이 시대의 보아스입니다.

나눔의 특권

2010년 6월 16일, 미국 경제 전문지인 〈포춘〉에 흥미로운 기사가 실려 세간의 관심을 모았습니다. 세계적인 거부 워런 버핏(Warren E. Buffett)과 마이크로소프트의 창설자 빌 게이츠(Bill H. Gates Ⅲ)가 생전이나 사망 시에 개인 재산의 절반 이상을 자선단체 '더 기빙 플레지'(The Giving Pledge)에 기부하도록 재력가들을 설득해 가겠다고 발표한 것입니다.

그 후 불과 6주 만에 40여 명의 미국 갑부들이 동참해서 1,250억 달러가 모였고, 2019년 6월 현재 204명의 부호들이 기부를 서약했습니다. 최근에는 아마존 설립자 제프 베이조스(Jeff Bezos)와 이혼한 매켄지 베이조스(MacKenzie Bezos)가 자신의 재산 절반 이상인 20조원을 기부하겠다고 밝혀 세간의 주목을 받았습니다.

기부 운동을 시작한 워런 버핏은 “내가 갖고 있는 주식의 1퍼센트 이상을 쓴다고 해도 내 행복과 삶의 질은 더 높아지지 않는다. 하지만 나머지 99퍼센트는 다른 사람들의 건강과 삶의 질에 엄청난 영향을 줄 수 있다”고 하며 이 일의 동기를 밝혔습니다. 그는 늙을수록 지금보다 지력(智力)과 의지력이 더 강해질 가능성은 제로이기 때문에 결정을 뒤로 미루지 말라고 독려하고 있습니다.

다른 갑부들도 의미심장한 말들을 남겼습니다. 자산운용가인 톰 스타이어(Tom Steyer)는 성(聖) 프란치스코(Francesco)의 말을 인용해서 “위로하고 이해하고 사랑하고 주고 용서할 때 얻는 능동적 기쁨이 소유하고 갖고 차지할 때 얻는 수동적 기쁨보다 훨씬 크다”며 참가 소견을 밝혔습니다. 부동산 재벌인 엘리 브로드(Eli Broad)도 “나눔을 기회나 책임이라고 말하지만, 우리는 이를 특권이라 생각한다”고 말해 훈훈한 감동을 전해 주었습니다.

부자들의 기부 운동을 보면서 성경의 한 인물이 떠올랐습니다. 2천 년 전 여리고 성에 살던 삭개오입니다.

“삭개오가 서서 주께 여짜오되 주여 보시옵소서 내 소유의 절반을 가난한 자들에게 주겠사오며 만일 누구의 것을 속여 빼앗은 일이 있으면 네 갑절이나 갚겠나이다”(눅 19:8).

삭개오에게 무슨 일이 있었기에 악착같이 모은 재산의 절반이나 기부를 하겠다고 결심한 것일까요? 심지어 유대인의 율법상 자발적으로 잘못을 뉘우칠 경우에는 5분의 1만 더해서 갚으면 되는

데, 속여 빼앗은 것이 있다면 네 배나 배상하겠다고 합니다.

삭개오는 세리였습니다. 로마는 효율적으로 세금을 거두기 위해 현지인 세금 징수원을 고용했는데, 목표액만 상납하면 나머지는 알아서 하도록 재량권을 부여했기 때문에 자신의 배를 채우려고 동족을 수탈하는 일이 빈번하게 자행되었습니다. 때문에 유대인들에게 이 세리들은 로마인보다 더 증오의 대상이었습니다.

유대 사회는 세리를 창녀나 율법을 어긴 죄인과 똑같이 취급했습니다. 회개해도 구원받기 어렵다고 여길 정도였습니다. 그러니 한 유대인이 세리가 되겠다고 작정할 때는 동족의 원수가 될 것이라는 각오를 해야 합니다. 로마가 지배하는 시대에 차라리 멸시천대를 받는다 해도 재물을 챙기는 게 훨씬 더 실리적이라 생각한 사람들입니다. 그렇게 이를 악물고 세리가 된 삭개오는 세리장까지 되었습니다. 게다가 그는 부자였습니다.

하지만 이런 삭개오에게 한 가지 콤플렉스가 있었는데, 바로 작은 키였습니다. 어쩌면 키가 작다는 이유로 사람들에게 무시당하고 싶지 않아서 사람들 위에 군림하는 세리가 되었던 것인지도 모릅니다. 그렇게 원하는 것을 다 이루고 높은 직위에까지 올랐지만 그는 여전히 동족들의 차가운 눈빛을 받는 외로운 처지였습니다.

그런데 어느 날, 근처에 나사렛 예수가 지나간다는 소식이 들려왔습니다. 이 예수라는 유대인 랍비는 다른 유대인들과는 달리 세리들의 친구라고 소문이 났습니다. 어떤 사람인지 궁금해서 다가가고 싶었지만, 무리와 섞일 수도 없고, 키가 작아 가까이 가도

볼 수 있을 것 같지가 않았습니다. 그래서 그는 예수님이 지나가는 길 나무 위에 올라가 기다렸습니다.

드디어 나사렛 예수가 일행과 함께 밑으로 지나갑니다. 세리들을 친구로 삼는다는 랍비이기에 유심히 내려다봅니다. 그것이 그가 바란 전부였습니다. 그런데 전혀 예상하지 못했던 일이 일어납니다. 그 나사렛 예수가 삭개오에게 말을 건 것입니다.

"삭개오야 속히 내려오라 내가 오늘 네 집에 유하여야 하겠다" (눅 19:5).

삭개오는 얼마나 놀랐을까요? 예수님이 그의 이름을 알고 계셨을 뿐 아니라 동족들이 상종하지도 않고 말조차 섞기 꺼리는 그를 군중들 앞에서 마치 친한 친구처럼 불러 주셨으니 말입니다.

삭개오는 급히 내려와 예수님을 영접했습니다. 살면서 이렇게 기쁘고 즐거웠던 적은 아마 없었을 것입니다. 마치 오랜 친구처럼, 제자처럼 예수님을 자기 집으로 모시고 갔습니다. 그때 예수님을 따르던 군중들이 얼마나 당황했을까요? 동족들의 피를 빨아먹는 원수 중의 원수. 어쩌면 삭개오는 여리고 성 주민들에게 '공공의 적'이었을 것입니다. 그런 원수의 집, 긍휼이라곤 눈곱만큼도 없는 세리장의 집에 가신 예수님을 군중들은 얼마나 당황스러운 눈빛으로 바라보았을까요?

삭개오의 고백은 바로 그즈음에 나온 것입니다. 그는 군중과 예수님 사이에서 자신의 모습을 보게 된 것입니다. 예수님은 친구처럼 자신을 불러 주셨습니다. 그래서 집으로 모셨습니다. 그러나 삭개오가 예수님의 친구가 되는 데에는 문제가 있었습니다. 무리에 섞일 수 없는 처지라 해도 예수님 보기를 포기하지 않았던 삭개오는 진심으로 예수님의 친구가 되고, 제자가 되고 싶었습니다. 예수님이 값없이 주시는 이 평화와 사랑의 관계를 놓치고 싶지 않았습니다. 그래서 '물질로 저지른 죄를 물질로 갚으며' 진심을 다한 회개의 선언을 한 것입니다. 그것을 보시고 예수님도 기뻐하셨습니다.

"예수께서 이르시되 오늘 구원이 이 집에 이르렀으니 이 사람도 아브라함의 자손임이로다 인자가 온 것은 잃어버린 자를 찾아 구원하려 함이니라"(눅 19:9-10).

예수님은 우리도 친구로 부르셨습니다. 그런데 세상이 우리를 '예수님의 친구'로 인정하기에 우리는 너무도 인색했습니다. 욕심 사나웠습니다. 이기적이었습니다. 우리로 인해 예수님을 원망하고 불신하는 일이 벌어지기도 합니다.

예수님의 친구가 되고 싶다면, 내가 생각하는 행복과 안정의 기준들을 버리고 예수님의 진정한 친구가 되는 길을 선택해야 합니다. 재벌들의 기부 행렬에 동참한 엘리 브로드는 '나눔이 의무가 아니라 특권'이라고 했습니다. 그렇습니다. 나눔은 예수님이 친구인 우리에게 주신 특권입니다.

조선회상, 윌리엄 홀과 그의 후손들

1984년은 한국 교회 선교 100주년을 기념하는 해였습니다. 각 교단이나 기독교 단체들마다 의미 있는 행사들을 준비했습니다. 대한결핵협회도 캐나다 밴쿠버에 살고 있던 한 부부를 초청했습니다. 한국 최초의 결핵 요양소를 설립했고 크리스마스실을 만든 셔우드 홀(Sherwood Hall) 박사 부부였습니다.

당시 91세의 노구를 이끌고 한국을 방문한 셔우드 홀 박사는 도착하자마자 양화진외국인선교사묘원을 방문했습니다. 그곳엔 아버지 윌리엄 홀(William James Hall)과 어머니 로제타 홀(Rosetta Sherwood Hall) 그리고 어릴 때 죽은 여동생 에디스 홀(Edith Hall)의 묘지가 있습니다.

셔우드 홀 박사 부부는 광성중·고등학교도 방문했습니다. 이 학교는 1894년 아버지 윌리엄 홀이 평양에 세웠던 기독교 사학입니다. 한국전쟁 때 부산으로 피난했다가 1960년대 초에 신수동에 자리를 잡았습니다. 학교 채플 시간에 셔우드 홀 박사는 눈물을 글썽이며 유언과도 같은 소감을 전했습니다.

"저는 여전히 한국을 사랑합니다. 제가 죽거든 미국이나 캐나다 땅에 묻지 마시고 제가 태어나서 자랐던 사랑하는 이 나라, 또한 제 사랑하는 어머니와 아버지, 누이동생이 잠들어 있는 조선 땅에 묻어 주시기를 바랍니다."

그로부터 7년 뒤인 1991년 4월 5일, 98세의 일기로 하나님의 부르심을 받은 셔우드 홀은 유언을 따라 부모님과 여동생이 묻힌 양화진에 안장되었습니다.

셔우드 홀 박사의 한국 사랑은 부모님으로부터 이어받았습니다. 1860년 캐나다에서 출생한 윌리엄 홀은 선교사의 꿈을 안고 의사가 되어 미국 뉴욕 빈민가의 선교 진료소에서 일을 시작했습니다. 그리고 그곳에서 만난 소아과 인턴 로제타와 사랑에 빠졌습니다. 그런데 그녀는 하나님의 부르심에 순종해 1890년 선교를 위해 조선으로 떠나고 말았습니다. 윌리엄도 그녀를 따라 1년 뒤인 1891년에 조선으로 들어와 이듬해인 1892년 6월 27일, 사랑하는 로제타와 우리나라에서 최초로 서양식 결혼식을 올렸습니다.

결혼하자마자 윌리엄은 평양 선교기지의 개척 책임자로 임명되었습니다. 그때까지도 조선은 법으로 기독교 전도를 금하고 있었고, 외국인은 서울을 벗어날 수 없다는 강제 조항이 있었습니다. 그럼에도 불구하고 윌리엄은 선교부의 결정에 순종해 외국인으로서는 최초로 평양에 접근해 들어가 의료 선교를 펼치며 환자와 고아들을 상대로 선교를 시작했습니다. 그리고 1894년 4월, 광성중·고등학교의 전신인 광성학당을 평양에 세웠습니다. 학교를 통해 영혼을 구원하고, 한국 사회의 미래를 책임질 인재들을 양성하기 위한 목적이었습니다. 그 사이 첫아들 셔우드 홀이 탄생합니다. 그는 한국에서 태어난 최초의 외국인 아기였습니다.

그러나 행복한 시간도 잠시, 청일전쟁이 터져 평양은 양군의 격전장으로 변했습니다. 선교부는 서울로 돌아오라고 지시했지만 윌리엄은 부상당한 사람들을 외면할 수 없다며 평양에 남아 있었습니다. 당시 치료 현장에 함께 있었던 마포삼열(Samuel Moffett) 목사는 윌리엄 홀이 '부상자의 국적을 가리지 않고 어느 환자를 대하든지 그것이 첫 경험인 것처럼 겸손하고 조심스러웠으며, 또 언제나 최후의 환자를 다루는 것처럼 정성을 다했다'고 회상했습니다.

자신의 몸을 돌보지도 못한 채 숱한 부상자들을 돌보다 결국 말라리아에 걸린 윌리엄 홀은 대동강에서 제물포로 가는 배를 타고 돌아옵니다. 제물포에 도착했을 때는 이미 발진티푸스까지 겹쳐, 아내 로제타가 아들 셔우드를 안고 마중 나왔을 때는 열이 40도를 넘어가고 있었습니다. 그때 아내 로제타는 둘째 아기를 임신 중이었습니다. 결국 그해 11월 24일, 윌리엄 홀은 세상을 떠났습니다. 당시 그의 나이 겨우 34세였습니다.

남편의 죽음으로 상심한 아내 로제타는 미국으로 귀국했다가 딸을 낳은 뒤 다시 조선으로 돌아옵니다. 남편이 못다 한 의료 사역을 완수하라는 하나님의 부르심에 순종한 것입니다. 하지만 조선에 도착한 지 얼마 되지 않아 사랑하는 어린 딸 에디스가 그만 이질에 걸려 숨을 거둡니다. 딸을 잃은 아픔으로 큰 고통을 받으면서도 로제타 홀은 조선을 향한 사랑을 포기할 수 없었습니다. 그녀는 이렇게 기도합니다.

> "하나님, 사랑하는 내 아들 셔우드 홀과 조선에서 오랫동안 사역할 수 있게 해 주시옵소서."

이후 로제타는 남편이 사역했던 평양과 서울, 인천 등에서 43년간 놀라운 사역을 전개했습니다. 평양 최초의 여성병원인 광혜여원을 운영하는 한편, 맹인 소녀들을 위한 점자 교육을 실시하고, 이화여대 부속병원을 비롯한 네 개의 의과대학을 세웁니다.

1951년 85세의 나이로 숨을 거둔 로제타는 남편과 딸이 묻혀 있는 양화진에 함께 안장됐습니다. 그리고 40년 뒤 그의 아들 셔우드와 아내 메리안도 함께 양화진에 묻혔습니다. 그렇게 대를 이어 110년 동안 한국인을 마음에 품었던 홀 가족이 천국에서 다시 만나게 되었습니다.

이들이 조선으로 올 수 있었던 힘은 어디에 있었을까요? 가난하고 미개한 나라, 청일전쟁을 비롯해서 풍토병 등 온갖 위험이 도사리고 있었던 나라를 대를 이어 찾아와 전 생애를 바쳐서 사랑하게 한 힘은 어디서 오는 것일까요? 무엇이 이들로 하여금 자신의 안락과 편안함을 포기하고 우리 모두를 위해 기꺼이 희생하는 삶을 살도록 결단하게 했을까요?

그들을 이곳으로 이끈 것은 이 땅의 영혼들을 긍휼히 보시는 하나님의 사랑이었습니다. 오랜 세월, 온갖 우상과 강대국의 권력에 붙들려 신음하며 영혼마저 빼앗기며 살아온 한민족, 기어이 일제에 나라의 주권마저 빼앗겨 무자비한 약탈과 핍박과 억압 아래 놓여 있던 한국인을 불쌍히 보셨던 여호와 하나님의 사랑이 월리엄 홀 일가를 이곳으로 오게 한 것입니다. 그리고 한국은 오늘날 세계적인 기독교 국가로 주님에게 영광을 돌리는 산 증인이 된 것입니다.

하나님의 꿈을 이 땅에 이루기 위한 수고와 희생은 결코 헛되지 않습니다. 한 알의 밀이 땅에 떨어져 죽으면 기어코 열매를 맺습니다. 눈물로 씨를 뿌리면 긴긴 세월의 옷을 입고서라도 정녕 기쁨의 단을 거두게 됩니다. 우리 안에서 착한 일을 시작하신 하나님이 끝까지 이루어 주실 것입니다.

그중에 제일은 사랑이라

'전문인 협력기구'(HOPE) 선교회는 주로 아시아 지역을 대상으로 극렬한 반기독교 지역에서 사역하는 단체입니다. 그러다 보니 HOPE 선교사들은 자신의 신분을 철저히 감추어야 합니다. 선교 보고를 구체적으로 할 수도 없습니다. 상세한 지명이나 인명을 언급해서도 안 됩니다. 선교사님 얼굴이나 사역 장면을 사진으로 공개할 수도 없습니다. 그러니 선교 단체를 외부에 홍보하기도 쉽지 않습니다. 현지에선 여권에 나타난 본명을 사용하지만 한국에서는 가명을 사용해야 합니다.

이사회가 중국 청도에서 열렸습니다. 한국과 호주, 중국 현지의 목회자와 선교사들이 모였습니다. 장소를 준비한 선교사님들이 만약의 경우에 대비하기 위해 도청장치 감지기를 설치했는데 도청장치가 네 군데에서 발견되었습니다. 그중 하나는 선교사님이 늘 사용하는 등받이 쿠션 속에 감추어져 있었습니다. 하나님의 부르심을 받은 선교사들은 늘 이렇게 사선을 오가는 삶을 살고 있습니다.

한 번은 일본의 한 신학교 요청으로 선교학 강의를 하러 갔습니다. 당시 저를 초청한 단체는 김승범, 김진영 선교사님 부부가 운영하는 신학교였습니다. 월요일부터 목요일까지 매일 6시간씩 강의하는 강행군이었습니다. 교회도 보기 드문 일본에서 신학교를 세우고 주님의 종을 키워 내는 선교사님의 열정이 정말 감동적이었습니다.

김승범 선교사님은 한국에서 의대를 졸업한 뒤 동경대 대학원 의학부에 진학했습니다. 박사 학위를 취득하고 전문의가 되어 귀국을 준비할 무렵, 일본 복음화를 위해 헌신하라는 하나님의 부르심을 받았습니다. 일본은 100여 년 전부터 수많은 선교사들이 희생과 열정을 쏟아 부은 땅입니다. 하지만 지금도 여전히 기독교 인구가 전체 인구의 1퍼센트도 안 되는 상황입니다. 그나마 매주 예배드리는 성도는 전체 인구의 0.1퍼센트 정도밖에 되지 않습니다. 그래서 일본을 가리켜 '선교사의 무덤' 혹은 '선교사의 늪'이라고 합니다. 그런데 하나님이 전도유망한 의학박사에게 바로 그 '늪'에 선교사로 남으라고 하신 것입니다.

하지만 선교사님은 순종해서 의료 선교사의 길을 걷기 시작했습니다. 한국인으로는 보기 드물게 동경대 의대 교수를 지낸 후 개인 병원을 열었습니다. 그런데 가까운 지인의 빚보증을 섰다가 낭패를 당했습니다. 그때 한국으로 돌아오면 일은 간단히 해결되는 것이었습니다. 하지만 그곳에 남아 6년간 대신 그 빚을 갚았습니다. 하나님이 일본에 남으라 하셨기 때문에, 남아서 복음을 전해야 하기 때문이었습니다.

그러던 중 쓰나미로 인해 일본 동부가 초토화되었습니다. 방사능 오염과 여진에 대한 두려움으로 적지 않은 한국인들이 귀국했습니다. 일부 선교사들도 귀국했습니다. 그 때문에 상처를 받은 일본 그리스도인들도 있었습니다. 하지만 김승범 선교사님은 일본을 떠나지 않았습니다. 맡겨 주신 양들을 버릴 수가 없었기 때문입니다. 방사능 오염이 불안하지 않았는지 물었습니다. 그러자 선교사님은 농담처럼 대답했습니다.

“설혹 방사능 물질이 몸에 쌓여도 30년 뒤에나 증상이 나타난다고 합니다. 그때면 죽어도 좋은 나이 아닐까요?”

그 어떤 상황이 와도 선교사님의 소명, 일본에 대한 사랑을 막을 수 없었습니다.

“내가 사람의 방언과 천사의 말을 할지라도 사랑이 없으면 소리 나는 구리와 울리는 꽹과리가 되고 내가 예언하는 능력이 있어 모든 비밀과 모든 지식을 알고 또 산을 옮길 만한 모든 믿음이 있을지라도 사랑이 없으면 내가 아무것도 아니요 내가 내게 있는 모든 것으로 구제하고 또 내 몸을 불사르게 내줄지라도 사랑이 없으면 내게 아무 유익이 없느니라"(고전 13:1-3).

이 말씀을 대할 때 두려움이 든다면 제대로 묵상하고 있는 것입니다. 이 말씀은 사랑이 얼마나 중요한가를 일깨우는 동시에, 천사의 말, 방언, 예언과 영적인 지식, 산을 옮길 정도의 믿음, 구제, 희생 같은 것은 사랑이 없어도 얼마든지 할 수 있다는 뜻이기도 하기 때문입니다. 사랑 없이 일한다면 똑같이 내 자아가 내 중심이 되고, 너무도 당연한 결과지만 놀라울 만큼 아무 유익도, 열매도 얻을 수 없습니다. 도리어 소리만 요란한 구리나 꽹과리, 곧 교회와 하나님 나라의 불협화음일 뿐입니다.

선교사님들이 날마다 힘차게 복음을 전할 수 있는 상황은 그리 많지 않습니다. 중동의 극렬한 반기독교 지역에서 활동하는 선교사님들은 자신의 신분을 위장하기 위해 아이들을 많이 낳는 경우가 많은데, 내전이 심각했던 체첸에서 활동하는 한 선교사님 가정은 국경을 넘어 이웃 나라에 선교를 하러 갈 때마다 꼭 아이들을 다 데려간다고 합니다. 검문을 할 때 어린 자녀가 있으면 통과하기가 훨씬 쉽기 때문입니다. 자신의 자녀들을 방패 삼아 다닐망정, 하나님이 주신 소명은 놓을 수가 없기 때문입니다.

"그런즉 믿음, 소망, 사랑, 이 세 가지는 항상 있을 것인데 그중의 제일은 사랑이라"(고전 13:13).

사람이 사람에게 줄 수 있는 최고의 사랑은 그 영혼을 구원하는 것입니다. 그 영광스러운 소명을 붙들고 오늘도 전 세계에서 수많은 선교사님들이 위험과 더불어 살고 있습니다. 지진이나 도청

장치나 내전보다 더 크신 하나님을 바라보며, 부르심을 받은 그곳에서 묵묵히 주님의 사랑을 전하고 있습니다.

아프리카의 한 부족을 연구하던 인류학자가 아이들을 모아 놓고 게임 하나를 제안했습니다. 싱싱하고 달콤한 딸기가 가득 찬 바구니를 놓고 가장 먼저 바구니까지 뛰어간 아이에게 과일을 모두 주겠다고 한 것입니다. 인류학자는 아이들이 앞을 다투어 뛰어가리라 예상했습니다. 그런데 아이들은 약속이라도 한 듯이 서로의 손을 잡았습니다. 그리고 함께 달리기 시작했습니다. 바구니에 다다르자 모두 함께 둘러앉아 입안 가득 과일을 베어 물고 키득거리며 재미나게 나누어 먹었습니다.

인류학자가 물었습니다.

"누구든 일등으로 간 사람에게 모든 과일을 주려 했는데 왜 손을 잡고 같이 달렸니?"

그러자 아이들이 합창을 하듯 대답했습니다.

"우분투(UBUNTU)! 다른 아이들이 다 슬픈데 어떻게 나만 기분 좋을 수가 있어요?"

'우분투'는 아프리카 말로 '우리가 함께 있기에 내가 있다'는 뜻이라고 합니다.